C. S. 路易斯

——著

丁骏——译

Mere Christianity

返璞归真

C. S. Lewis

上海三联书店

- 目录 -
Contents

前言

· 第 1 章 ·
对与错——宇宙意义的线索

· 第 4 章 ·
人格之上

译后记

- 前言 -

　　本书内容最初由广播播出，后来分作三册出版，分别是《广播讲话》（1942）、《基督徒的行为》（1943）和《人格之上》（1945）。出书时，我对自己播讲的内容做了一些补充，除此之外基本上未做改动。我觉得，收音机里的"讲话"应该尽可能像现实生活中的谈话，而不应该听上去像在照本宣科。因此，我平时说话会用的所有缩略和口语表达，在讲话中都照用不误。及至成书，便又照搬不误，用 don't

和 we've 代替 do not 和 we have[1]。此外，讲话时我可以通过语音强调某些词，到了书里就把这些词印作斜体[2]。可我现在总感觉这样做是个错误——把讲话和写作这两种表达形式混杂在一起，并不招人喜欢。说话的人为了强调重点是该变换声调，因为他的表达手段使然，但是写作的人不该使用斜体来达到同样的目的。作者有他自己凸显关键词的不同方法，他也应该使用这些方法。在目前的版本中，我不再用缩略形式，也重新改写了大部分原来用了斜体的句子，但我希望这并没有改变我一直意图保留的那种"通俗"或"亲切"的语气。另外，在我觉得现在自己比十年前理解更深刻的地方，或第一版中引起误解的地方，我也做了增删。

　　还需提醒读者诸君，对于在两个基督教"宗派"间犹豫不决的人，我提供不了帮助。你不会从我这里弄明白你应该成为圣公会教徒、卫理公会教徒、长老会教徒还是罗马天主教教徒。我对这个问题的回避是刻意的（即使是以上这个名单，也是按字母顺序排列

---

1. "don't" 和 "we've" 是 "do not" 和 "we have" 的缩略形式，分别是 "不" 和 "我们已经" 的意思。——译者注（本书星号注 * 为原书注，其他注释均为译者注或编者注，以下不再另外注明）
2. 中译本使用粗体。

的[3]）。我自己的立场毫无神秘色彩。我是圣公会一名极其普通的平信徒[4]，既不特别"高派"，也不特别"低派"，不属于任何特定派别。不过在这本书里，我也没想让任何人的立场变得和我一模一样。自从成为基督徒之后，我觉得为那些不信教的邻舍所能做的最大、也可能是唯一的贡献，就是向他们解释各个时代几乎所有基督徒都认同的那个信仰，并为之辩护。我之所以这么想，原因不止一个。首先，让基督徒产生分歧的问题包括高深的神学，甚至是教会历史，这些问题应该留给真正的专家们去探讨。一旦涉足这些问题，我便捉襟见肘：我自己都需要帮助，遑论帮助别人。其次，我认为我们必须承认，有关这些争议话题的讨论完全无助于将教外人士带入基督徒群体。关于这些话题，我们写什么、说什么都更可能阻碍教外人士进入基督教团契，而不是吸引他加入。除非是在那些已经相信有一位上帝、耶稣基督是上帝的独生子的人面前，否则我们绝不该讨论这些分歧。最后，我印象中已有大量、且是更有天赋的作家参与讨论这些有争议的问题，而不是为巴克斯

---

3. 路易斯指以上这些宗派人士是按其英语名称首字母的顺序排列（圣公会教徒［Anglican］，卫理公会教徒［Methodist］，长老会教徒［Presbyterian］，罗马天主教教徒［Roman Catholic］），以表明自己的中立态度。

4. 指一般普通信徒，非神职人员。

特[5]所说"纯粹的"基督教辩护。我觉得自己最能效力的地方恰好是看似最薄弱的环节。于是，我欣然领命。

这些便是我全部的动机，只要人们不因为我在某些有争议的问题上保持沉默而做各种臆测，我就深感欣慰了。

举个例子，这样的沉默不代表我本人是骑墙派。有时候，我确实也骑墙观望。我觉得基督徒之间争论的一些问题还没有人能回答。有些问题我也许永远不会知道答案。如果我提出这些问题，哪怕在一个远比当下更好的世界里，我会得到的答复（就我所知）可能就是那位远比我伟大的提问者[6]所得到的答复："与你何干？你跟从我吧！"[7] 但是对于另一些问题，我的立场是确定无疑的，而我同样保持沉默。因为我写这本书不是为了阐述"我的宗教"，而是要阐述"纯粹的"基督教，即早在我出生之前就是这样、现在也仍是这样的基督教（不

---

5. 巴克斯特（Richard Baxter, 1615—1691）：英国清教徒牧师。路易斯本书的英语书名 Mere Christianity（字面意思"纯粹的基督教"）最初出自巴克斯特，他有感于 17 世纪逐渐出现的基督教新教内部宗派分裂，提出要做"纯粹的基督徒"。

6. 这里指耶稣的门徒彼得。

7. 参见《新约·约翰福音》21：21—22："彼得看见他，就问耶稣说：'主啊，这人将来如何？'耶稣对他说：'我若要他等到我来的时候，与你何干？你跟从我吧！'"

论我喜欢与否）。

　　我除了肯定基督是童贞女所生，没有再就圣母马利亚说什么，有人因此就得出一些毫无根据的结论。但是我为什么不谈圣母马利亚，原因难道还不够明显吗？对此多说几句，我就会一脚踏进极具争议的领域。基督徒之间的争议没有比这个话题更需要谨慎对待的了。罗马天主教徒在这个问题上持守的信念，不仅带着伴随一切真诚宗教信仰的普遍热忱，而且（很自然地）也带着一位男子在自己母亲或爱人的名誉受威胁时的敏感，一种骑士精神的敏感。因此，在跟他们有分歧的时候，很难不让他们觉得你不仅是异端，而且还很无赖。反之，新教在这个问题上的信念唤起的情绪可以追溯到所有一神论的根基[8]。对激进的新教徒而言，造物主与受造物（无论多么圣洁）之间的区别因此危在旦夕：多神论又复活了。所以，若跟他们有分歧很难不让他们觉得你简直比异端更糟糕——你成了异教徒。如果有哪个话题可以万无一失地搞砸一本关于"纯粹的"基督教的书，如果有哪个话题对那些还不相信童贞女之子是上帝的人毫无益处，肯定非此话题莫属。

---

8. 路易斯这里的意思是，新教徒反感将圣母马利亚神化，这种情绪是所有一神论者共有的，因为他们只承认一个神，即上帝。

有意思的是，从我对争议问题的沉默中，你甚至没法推断出我觉得这些问题是重要还是不重要。因为是否重要本身也具有争议。基督徒之间的分歧之一就是，这些分歧是否重要。当两个不同宗派的基督徒开始争执，不用多久，其中一个就会问，某某观点"真的重要吗?"，而另一个会说："重要? 这绝对是最根本的问题嘛。"

我讲这一切都是为了说明，我要写一本什么样的书，完全不是为了掩饰我自己的信念，或逃避对此当负的责任。我在前文已经说过，我的信念毫无神秘可言，用托比叔叔[9]的话说："它们都写在公祷书里。"[10]

如果我把圣公会或者（更糟糕的）我自己的特殊信念当成普遍的基督教教义提出来，这显然才是危险的。为了避免这种可能性，我把本书第二章的原稿寄给了四位圣职人员（分属圣公会、卫理公会、长老会和罗马天主教会），征求他们的批评意见。卫理公会牧师认为我对"信仰"讲得不够，罗马天主教教士认为我在解释赎罪时太过低估理论的重要性。除此之外，我们五个人观点一致。我没有请人对本书剩下的部分做类似的"审检"，因为对这些内容，尽管基督徒之间可能存在分歧，

---

9. 托比叔叔是 1759 年一部英国小说《项狄传》(*Tristram Shandy*) 中的重要人物，在路易斯的时代，这部小说在英国仍广为人知。

10. 圣公会的祈祷用书，是圣公会信仰的一个重要特征。

那也是个人或思想流派之间的分歧，而不是宗派分歧。

根据书评和大量读者来信判断，这本书无论在其他方面会有多少问题，至少成功呈现了一种被普遍认可的、共同的、核心的、"纯粹的"基督教。在此意义上，本书也许有助于消解这种观点：如果我们不讨论有争议的问题，就只剩下含混不清、寡淡无味的最大公约数了。事实证明，这一最大公约数不仅毫不含糊，而且非常尖锐，与所有非基督教信念之间隔着一道鸿沟，基督教内部再严重的分裂也无法与这道鸿沟相比。即使我没有为基督教的合一做出什么直接贡献，或许至少也让大家看清楚了为什么我们应该团结。我确实没有从其他基督教宗派的坚定信徒那里遇到多少传说中的"神学上的敌意"（*odium theologicum*）。敌意倒是更多来自圣公会之内或之外的边缘人士，即那些并不明确服从任何宗派的人。这倒让我有不可思议的欣慰感。正是在基督教的核心之处，她真正的儿女得以聚集，不同宗派的精神（即便不是教义）才真正彼此最为接近。而且这也意味着，尽管有那么多信条上的分歧、气质上的差异、互相迫害的记忆，但是在每个宗派的中心，总有一个东西，或者说一个人，在用同一个声音说话。

有关本书为何省略讨论教义，就谈到这里。在谈论道德的第三章，我同样对一些问题保持沉默，不过是出于不同的原因。自从第一次世界大战在陆军服役之后，我就颇为反感这样的人：身处舒适安全之地，却对前线战士提出各种劝诫。同理，对于我自己无须面对的诱惑，我也不愿多谈。我想，没有人要面对所有罪的诱惑。我碰巧天生不具备那种让男人们去赌博的冲动，毫无疑问，我为此付出的代价是缺乏某种好的冲动，而赌博冲动正是这种好的冲动的过度或变态。我因此觉得自己没有资格就合法或不合法的赌博（如果有合法赌博的话，对此我甚至也并不清楚）提出建议。我对计划生育也没有发表意见。我不是女人，甚至未婚，也不是牧师。就我自己无须承担的痛苦、危险、花销给出一个坚定的立场，我觉得这不合情理；而且我未担任牧职，可以不必这样做。

我用"基督徒"这个词来表示接受基督教普遍教义的人，这也许会引起更进一层的反对意见——也确实已经有人表达过这样的反对。有人问："你是谁，竟然可以决定谁是基督徒，谁不是基督徒？"或者问："有很多没法相信这些教义的人，远比一些能相信的人更称得上是真正的基督徒，更接近基督的精神，难道不是吗？"这一反对意见在某种意义上极其正确，极其仁慈，极富灵性，也极善解人意。它具备每一条可以想见的特质，唯独没什么实效。我们不可能像这些反对者希望的那样使用语言，否则后果不堪设想。我会用另一个远没有

"基督徒"这个词重要的词的历史来努力说明这一点。

"绅士"一词最初是指一些可辨识的事物：一个佩戴盾徽、拥有地产的人。你称某人为"绅士"，并非是在恭维他，只是陈述一个事实。如果你说他不是一个"绅士"，你也不是在侮辱他，而是在提供信息。说约翰撒谎，又说他是个绅士，两者毫无矛盾，正如我们现在说詹姆斯是个傻瓜，又说他是文学硕士。可是，有人说话了——如此正确、如此仁慈、如此灵性、如此善解人意地说——"啊，可是对一位绅士来说，重要的当然不是盾徽和土地，而是他的行为。像绅士一样行事的人当然才是一位真正的绅士。在这个意义上，爱德华当然远比约翰更称得上是位真正的绅士。"他们说得没错。正直、谦逊、勇敢，这些当然远胜于佩戴盾徽。但这是两码事。更糟糕的是，这不是所有人都会认同的。按此新的、改良版的含义称某人为"绅士"，事实上并没有提供有关这个人的信息，而只是在赞扬他，否认他是一个"绅士"就成了对他的侮辱。当一个词不再起描述作用，而仅仅用来赞美，它也就不再告诉你有关对象的事实，而只是告诉你说话者对这一对象的态度。（一顿"不错"的饭菜，仅仅意味着说话者喜欢这顿饭菜。）"绅士"这个词一旦被精神化和纯粹化，而脱离了它原来粗糙、客观的含义，几乎就只是指说话者喜欢的人了。所以，

"绅士"在今天也是一个没用的词。我们已经有很多表示赞赏的词，不需要用它来表达赞赏；另一方面，如果有人想用它的古义（比如在一本历史书里），他就必须做解释。因为词义已经改变，没法再直接按古义使用它。

那么，如果我们允许人们将"基督徒"这个词的词义精神化和纯粹化，或者用他们的话说"深化"，它也会迅速变成一个没用的词。首先，基督徒自己将无法再把这个词用在任何人身上。谁在最深刻的意义上最接近基督的精神，这不是我们能判断的。我们看不见人的内心。我们不能论断，也确实被禁止论断别人[11]。说任何人在这一纯粹化的意义上是或不是基督徒，都是恶意的傲慢。显然，一个我们永远无法运用的词作用不大。至于非信徒，他们毫无疑问很乐于在纯粹化的意义上使用这个词。在他们嘴里，它不过是又一个赞赏之词。称任何人为基督徒的意思就是他们觉得他是个好人。但是这样使用这个词根本不是丰富了语言，因为我们已经有了好这个词。与此同时，"基督徒"这个词将因词义改变而失去它本来可以派上的真正用途。

因此，我们必须坚持这个词原初的、显而易见的含

---

11. 圣经中有多处经文教导人们不应论断他人，比如《新约·马太福音》7：1："你们不要论断人，免得你们被论断。"

义。"基督徒"这一称呼最初是在安提阿被用在"门徒"——即那些接受使徒教训的人身上[12]。这个称呼只限于那些从使徒教训中真正充分获益的人,这一点毫无疑问。这个称呼也扩展至那些在纯粹、灵性、内在的意义上比那些不尽如人意的门徒"更接近基督精神"的人,这也毫无疑问。关键的一点是,这不是一个神学或道德问题。这只是一个用词问题,要使大家明白我们在说什么。当一个接受基督教教义的人行事为人与教义不相称时,说他是个糟糕的基督徒,比起说他不是一个基督徒,意思要清楚得多。

我希望读者诸君不要觉得这本书是要拿"纯粹的"基督教来替换现存宗派的信条,就好像它应该优先于公理会、东正教等等而被接受。这本书更像是一个大厅,里面有通向不同房间的一扇扇门。我如果能将任何人领进这个大厅,也就如愿以偿了。但是炉火、椅子、饭菜都在房间里,而不在大厅里。大厅不是住人的,大厅供等候之用,从这里可以尝试进入不同的房间。如果要住人,即便是最糟糕的房间(无论哪一间)也比大厅更合适。诚然,有人也许会发现自己要在大厅等很长时间,

---

12. 参见《新约·使徒行传》11:26:"找着了,就带他到安提阿去。他们足有一年的工夫和教会一同聚集,教训了许多人。门徒称为基督徒是从安提阿起首。"

而另一些人则几乎立即就能确定自己必须敲哪扇门。我不知道为什么会有这样的区别，但是我确定上帝不会让任何人等待，除非他知道等待对这人有益。等你进入你的房间，就会发现漫长的等待对你不无裨益，而这益处若非长久等待便无法获得。但是，你必须把这看作等待，而不是露营。你必须不断为光的到来祷告。而且，当然了，即便在大厅里，你也必须开始试着遵守适用于整座房子的规则。最重要的是，你必须要问哪扇门是真理之门，而不是哪扇门的油漆雕花最合你心意。说得明白一点，你永远不应该问下面这个问题："我喜欢这种敬拜仪式吗？"你应该问的是："这些教义正确吗？这里能找到圣洁吗？我是受良心驱使来这里的吗？我不情愿敲这扇门是因为我的骄傲，或者仅仅是个人喜好，还是因为我不喜欢这位看门人？"

等你进入你自己的房间后，请对那些选择了其他门的人和仍然待在大厅里的人保持友好。如果他们错了，他们更需要你的祷告；如果他们是你的敌人，那么你也必须遵循诫命为他们祷告[13]。这是在这座房子中要共同遵守的一条规则。

---

13. 参见《新约·路加福音》6:27—28："你们的仇敌，要爱他；恨你们的，要待他好；咒诅你们的，要为他祝福；凌辱你们的，要为他祷告。"

- 第 1 章 -

对与错——宇宙意义的线索

人性法则

谁都听过别人吵架。有些吵架听起来可笑，有些听起来让人心里不舒服。且不管听起来怎么样，我相信，我们总能从吵架者口中领悟到一些尤为重要的东西。他们的争吵不外乎以下这些内容："要是有人这样对你，你会有什么感觉？""那是我的位子，我先到的。""别再烦他了，他又没碍你什么事儿。""你凭什么插队挤进来？""我吃橙子的时候分给你了，你也得给我吃点儿你的。""快点儿吧，你得说话算话。"人们成天都说着这样的话，不论有文化没文化，也不论是孩子还是大人。

我对这些话感兴趣是因为，说话的人不仅仅是在表达对方的行为碰巧让他不开心。他是在以某套行为标准衡量对方的行为，而且期望对方了解这一标准。而对方也很少会回答："让你的标准见鬼去吧。"他总会努力辩解说，自己的所作所为并没有真正违反这一标准，或者即便违反了，也是情有可原的。他佯称，先到者得不到座位是有特殊原因的；或者他分到橙子的时候，情况发生了变化；又或者发生了什么事，使他可以不用再兑现承诺。事实上，双方头脑中似乎都存在某种关乎公平竞争、正当行为、伦理道德的法则（Law）或是规则（Rule），不管怎么称呼吧，总之是双方都真正认可的东西。而且，他们现在也还认可。如果没有这一共识，他们可能会像动物一样打斗，而不是像人那样争吵。争吵就是竭力表明对方是错的。如果双方并没有关于"对错"的某种共识，争吵就毫无意义。这好比如果没有共同认可的足球比赛规则，也就不可能判某个球员犯规。

这一对错法则或规则曾被称作自然法则（Law of Nature）。时至今日，我们说到"诸多自然法则"，往往是指万有引力、遗传性或者化学规律。但是以前的思想家们将对错法则称作"自然法则"时，他们真正指的是**人性法则**（Law of Human Nature）。他们的想法是，正如所有的物体受万有引力定律支配，有机体受生物规律支配，人这种受造物也有自身遵循的法则——只是存在一个最大的区别：物体无法选择是否服从万有引力定律，但是人可以选择是否遵循人性法则。

我们还可以换一种说法。每个人每时每刻都受制于不同的法则，但是只有其中一套法则是他可以自由违背的。作为一个物体，他受制于万有引力，不可能违背。如果让他无所依托地停在半空，他只会像石头一样落地，别无选择。作为一个有机体，他和动物一样受制于各种不能违抗的生物法则。也就是说，他不能违抗他与其他事物共享的那些法则，但是他人性所特有的法则，他并不与其他动物、植物、无机体共享的法则，恰恰是只要他选择违背就能违背的。

这一法则曾被称作自然法则，是因为人们曾经认为这是所有人皆生而知之，不需要后天习得的。这当然不是说，你就不会在任何地方找到某个对此法则一无所知的怪人，就像总有些人是色盲或音盲。但是人们曾经认为，就人类整体而言，正当行为（decent behaviour）的观念对所有人来说都一清二楚。我相信这种想法是对的。如果是错的，那么我们关于眼前这场战争[1]的一切言论就都是废话。除非"对"确实存在，而纳粹说到底跟我们一样了解什么是"对"，也本该践行"对"，否则说敌人是错的又有什么意义呢？如果他们对于我们所说的"对"一无所知，那么尽管我们可能还是不得不跟他们打仗，但我们若因此怪罪他们，那还不如怪罪他们头发的颜色呢。

我知道有些人会说，一个所有人都懂的自然法则或者一个尽人皆知的正当行为的观念并没有根据可依，因为不同文明和不同时代有着很不一样的道德观。

但事实并非如此。道德观之间确实存在差异，但是这些差异从未达到截然不同的程度。如果真有人不怕麻烦，去比较一下古埃及人、古巴比伦人、古印度人、古中国人、古希腊人以及古罗马人的道德说教，那么真正会让他惊讶的，反而是这些教训相互间多么接近，与我们自己的道德观又何其相似。这一结论的部分证据我已经收集到一起，放在另一本名为《人之废》（*The Abolition of Man*）的书的附录里。但是眼下，我只需请读者们思考一下，一种截然不同的道德观究竟是什么意思。你能不能设想这样一个国家，在那里人们钦佩临阵脱逃者，还会以出卖曾经最善待自己的人为荣。这恐

---

1. 指第二次世界大战。

怕比想象一个说二加二等于五的国家更难吧。一个人应该无私地对待哪些人，对这个问题人们各持己见——只是无私地对待他自己的家人、他的同胞，抑或是无私地对待所有人。但是大家总是一致认为，一个人不应该把自己放在第一位。自私从未受人称赞。对于一个人应该娶一个还是四个妻子，人们各持己见。但是大家总是一致认为，一个人不能想要哪个女人就要哪个女人。

最为神奇的是，无论你在哪里见到一个人说他不相信存在真正的对错，一分钟后你保管会发现，还是这个人，又谈论起对错了。他可能会对你言而无信，但你若试着对他失信一次，那么转眼之间他就会抱怨"不公平"了。某个国家可能会说条约不重要，但是下一分钟他们就会自打耳光地说，他们想要毁掉的那个条约是不平等条约。如果条约不重要，如果没有对错这样的东西——换言之，如果不存在自然法则——那么平等条约和不平等条约之间又有什么区别呢？他们难道不是大露马脚吗？我们难道还看不明白，不管他们说什么，其实他们跟所有人一样了解自然法则吗？

那么，看起来我们是被迫相信确实存在真正的"对错"。人们有时候可能会弄错这些法则，就像他们有时候会做错算术题。但是这些法则就像乘法口诀，无关品味和意见。如果我们认可这一点，我将进入我的下一个观点：我们之中没有一个人真正遵守自然法则。如果你们当中有例外，我向这些人道歉。他们最好还是读别的书吧，因为我要说的东西没有一样跟他们相关。现在，让我向余下的普通人陈述我的观点。

我希望你们不要误会我接下来要说的话。我不是在说教，上帝作证，我也不是假装自己比别人强多少。我只是试图让大家注意一个事实，即这一年、这个月，或者更可能是这一天里，我们自己并没能做到我们希望别人做到的。也许我们有各式各样的借口。上一次你对孩子们那么不公平，但那时你真的太累了。那件跟钱有关的稍嫌不光彩的事——你差不多已经忘了——那时你实在是手头紧。还有你答应要帮老张做的那件事，却一直没做——是这样的，要是你知道自己后来会忙成那样，一开始肯定不会答应。至于你对你的妻子（或丈夫）、姐妹（或兄弟）的态度，但凡我知道他们有多烦人，也就不会奇怪你为什么会这样了——再说了，我又算老几呢？我还不是一样。也就是说，我也并没有多么模范地遵守自然法则，而有人向我指出这一点时，我脑子里立即生出足有你一只胳膊那么长的一串借口。眼下的问题不是这些是不是好借口。关键是这些借口只是又一个证据，证明我们对这一自然法则多么深信不疑，不管我们是否喜欢它。我们如果不相信正当行为，又何必急着为不正当行为找借口呢？事实上，我们太相信正当得体了——我们的内心感受到规则或法则的压迫——以至于我们无法面对自己打破规则的事实，于是就试图推卸责任。因为你注意到，我们只为自己的坏行为找借口。我们只把我们的坏脾气归咎于疲惫、焦虑、肚子饿；至于我们的好脾气就都归功于我们自己。

这就是我要说的两点。第一，普天之下所有人都具有一个自己无法理解的观念，即他们应该按某种方式行事，而且无法凭自己消除它。第二，人们事实上并不按此方式行事。人知道自然法则；人又打破自然法则。要对我们自身以及我们生活的世界做任何清晰的思考，都得以这两个事实为基础。

若干异见

如果上述两个事实是基础，我最好先把基础夯实些，再做进一步的讨论。看看我手头的一些信件[2]就会发现，很多人都觉得很难搞清楚这一人性法则、道德法则或正当行为规则究竟是什么。

比如，有人在来信中这样问我："你所谓的道德法

2. 这里的信件应该是指路易斯最初在 BBC 电台做此直播系列演讲时收到的听众来信。

则不就是我们说的群体本能[3]吗？它跟我们的其他本能有什么不一样呢，不都是这么发展起来的吗？"我并不否认我们可能有群体本能，但它不是我所说的道德法则。我们都知道被本能——母爱，性欲，食欲——驱使是什么感觉。这意味着你感到一种强烈的需求或欲望，要以某种方式去行动。当然了，有时候我们也确实感到想要帮助另一个人，而且毫无疑问，那种冲动正是出于群体本能。但是，感到想要施以援手，和感到无论你是否愿意都应该施以援手，这两者有极大区别。假设你听到有个身陷危险处境的人在呼救，你也许会感到两种冲动——其一是施以援手的冲动（源于你的群体本能），其二是远离危险的冲动（源于自我保护本能）。但是你会发现，在你心里除了这两种冲动，还有第三个声音在告诉你，你应该跟随施以援手的冲动，抑制逃跑的冲动。那么，这个在两种本能之间做出判断的声音，决定哪种本能应该受到鼓励的声音，它本身不可能是两种本能中的任何一种。正如某页乐谱告诉你，此刻在钢琴上

---

3. 群体本能（herd instinct）也译作"羊群心理"或"从众心理"，一般指人有追随集体想法和行为的本能倾向，并因此缺乏主见及批判力。克尔凯郭尔和尼采是最早对"羊群道德""从众本能"提出批评的西方哲学家。弗洛伊德对"大众心理学"及荣格对"集体无意识"的探讨也被认为与"群体本能"相关。但路易斯使用"群体本能"似乎更接近普遍人类本能的意思。

要弹这个音，而不是那个音，你总不会说乐谱本身就是钢琴键盘上的某个音符。道德法则告诉我们必须弹哪个曲调，而我们的本能只是琴键罢了。

道德法则并非只是我们的一种本能，要认识这一点还可以从另一个角度出发。如果某生物的两种本能产生冲突，而其大脑中除这两种本能外没有别的东西，那么显然二者中的强者必定胜出。但是在我们最能清晰意识到道德法则的时刻，它似乎总是告诉我们要站在两种冲动中较弱的一方。也许相比救那个溺水的人，你更想要安全，但是道德法则告诉你还是要救人。而且它肯定总是告诉我们，要让正确的冲动变得更为强烈，胜过它的自然状态。难道不是这样吗？我的意思是，我们常常觉得通过唤醒想象力、调动同情心等等去刺激群体本能是我们的责任，以便有足够的动力去做正确的事。但是，当我们采取行动增强本能，这明显不是出于本能。"你的群体本能在沉睡，叫醒它吧。"这样对你说的，不可能是群体本能自己。告诉你钢琴上哪个音符需要弹得更响亮的，不可能是那个音符自己。

下面是第三种认识这个问题的角度。如果道德法则真是我们的本能冲动之一，我们就应该总能明确指出自己体内的哪种冲动是"好"的，始终符合正确的行为规则。但是我们找不到这样一种始终正确的冲动。道德法则随时可能要求我们去遏制或鼓励我们的任何一种冲动。说有些冲动比如母爱或爱国主义是好的，其他一些冲动比如性欲或打斗的本能是坏的，这是错误的。我们这样说的意思其实只是，需要遏制打斗本能或性欲的时候，要比需要遏制母爱或爱国主义的时候更多一些。但是也会出现这样的情形，一位已婚男子有责任调动自己的性欲，一位士兵有责任增强自己的打斗本能。还有一些时候，一位母亲对自己孩子的爱，或者一个人对他自己国家的爱，必须被遏制，不然就会导致对其他人的孩子或者其他国家的不公平。严格来说，不存在好的或坏的冲动。再想一下钢琴吧。钢琴并没有两种音符，"对的"音符和"错的"音符。每个独立的音符都是此时这样弹是对的，彼时那样弹就错了。道德法则也不是某种本能或某一套本能，而是通过对本能的指导而创造出某种旋律（我们称之为善行或正确行为的旋律）。

顺便说一句，这个观点具有深远的实际意义。你能做出的最危险的事就是拿出你本性中的任何一种冲动，然后把它当作你应该不惜一切代价去追随的东西。如果我们把任何一种冲动当作绝对的向导，那么它必然会把我们变为魔鬼。你也许认为，对人道的泛泛之爱总是安全的，但并非如此。你一旦扔掉公正，就会发现自己哪怕撕毁合约，在法庭上做伪证，都可以是"出于人道"，而最终你只会变成一个既残忍又诡诈的人。

还有人在给我的信里这样写道："你所谓的道德法则不就是一种社会规范吗？不就是教育给我们灌输的东西吗？"我觉得这里有点误解。提出这个问题的人通常想当然地以为，如果我们从父母或老师那里学到一样东西，这个东西必然只是人自己的发明。但是，事实当然并非如此。我们都是在学校学会乘法口诀的。一个独自在荒漠小岛上长大的孩子不会知道乘法表。但是这并不意味着乘法表只是人类传统，是人类自己造出来的，如果他们愿意的话也可以弄成别的样子，你觉得呢？我完全同意我们是从父母和老师、朋友以及书本那里学习正当行为规则的，正如我们学习所有其他的一切。但是，我们学习的东西中有些仅仅是规范，规范不是一成不变的——我们学会在道路左边行走，但是也可以规定靠右行走；而其他一些，比如数学，则是客观真理。问题就是，人性法则到底属于哪一类。

人性法则和数学属于同一类，这样说有两个理由。第一，正如我在第一节所说，尽管不同时代或不同国家的道德观念会有差异，这些差异并非真的那么巨大（完全不像大多数人想象的那样），而且你可以辨认出它们全都有着一个共同的法则。而规范，例如交通规则和人们的服饰类型，什么程度的差异都可能存在。另一个理由如下：当你考虑一个民族和另一个民族道德观的差异，你会觉得其中一个的道德观优于或劣于另一个吗？有没有任何一个道德方面的变化，可称为改进？如果没有，那么当然不可能有任何道德进步可言。进步不仅仅意味着变化，还意味着变得更好。如果没有哪一套道德比其他道德更正确或更好，那么喜欢文明的道德观而非野蛮的道德观，或者喜欢基督教道德观而非纳粹道德观，就没有意义了。当然，事实上我们确实相信某些道德观比另一些好。我们确实相信那些努力改变他们自己时代道德观的人是我们所说的改革家或先驱——比他们的邻人[4]更懂道德。既然如此，只要你说某一套道德观可以比另一套更好，事实上你就是在用某个标准衡量它们，你的意思就是其中一个比另一个更接近那个标准。但是用于衡量二者的标准是与二者都不同的东西。事实上，你是在把它们同时与某个真正的道德观相比较，是在承认存在一个客观的"对"，不受人们怎么想的限制，而且有些人的想法会比其他人的更接近那个客观的"对"。或者这么说吧，如果你的道德观更正确，而纳粹的道德观没有那么正确，则必然存在某个东西——某种真正的道德——为参照，衡量这些观念正确与否。为什

---

4. 这里的"邻人"是泛指其他人，一般人。

么你对纽约的看法要比我的更正确或不正确，原因是纽约是个真实的城市，不管我们中的任何一个怎么想，它都独立存在。如果当我们俩说"纽约"时都仅仅指"我自己大脑中想象的那个城市"，我的观点怎么可能比你的更正确呢？根本也就不存在真理或谬误的问题了。同样，如果正当行为规则仅仅意味着"每个国家碰巧认可的东西"，那么说某个国家所赞同的比其他国家更正确就没有意义；说世界将变得更道德或更不道德，也没有意义。

那么我的结论就是，尽管人们对正当行为存有看法差异，这一点总让你怀疑是否存在客观的、自然的行为法则，然而关于这些差异我们又必然要做出思考，这恰恰证明这样的行为法则存在。结束前，我还有一句话要说，我遇到过对这些差异夸大其词的人，因为他们并没有区分道德观的不同和关于事实的信念的不同。比如，有个人对我说："三百年前的英国，人们会把女巫处死。你把那叫作人性法则还是正当行为呢？"但是，我们现在不把女巫处以极刑的原因肯定是，我们不相信女巫存在。如果我们相信（如果我们真的相信）有人在那里把自己卖给魔鬼，换取超自然的能力，然后使用这些能力去杀死自己的邻居，把他们逼疯，或者让天气变糟——那么我们肯定会同意，如果有什么人应该被判死刑，那非这些肮脏的人莫属了。这里不存在道德准则的差异，差异仅仅是关乎事实。不再相信女巫可能是知识上的一大进步，如果你不认为女巫存在，那么不把她们处死也就完全不是什么道德进步了。一个人因为相信屋子里没有老鼠而不再放老鼠夹，你总不会说这个人很仁慈吧。

人性法则的真实性

现在我要回到第一节结尾处的内容，即有关人类的两个奇怪的事实。首先，他们无法摆脱一个观念，即他们理应实践某种行为，这也许可以叫公平竞争、正当性、道德或者自然法则。其次，他们实际上并不这样做。也许你们中有些人会想知道为什么我说这很奇怪。也许对你们来说，这是世上最自然不过的事情。你们尤其可能会觉得，我对人类也太苛刻了。也许你们要说，毕竟我所谓打破对错法则或自然法则，不过就是指人并不完美。而我究竟凭什么指望人会完美呢？——这倒是个现成的答案——如果我要求别人这样那样，可自己全都做不到，我凭什么指望人会完美？但这并非我的初衷。我关心的不是问罪，而是想努力弄清真相。从这个角度来看，某一事物不完美，不是它本该是的样子，这一想法有着某些特定的结果。

如果我们看一块石头或者一棵树，那就是它本身的样子，说它本该是别的什么样子似乎毫无道理。当然，如果你要用一块石头来造一座假山，你也许可以说这块石头"形状不对"；或者一棵树没能像你想要的那样给你遮阳，你可以说这棵树不好。但是，你的意思是那块石头或者那棵树碰巧满足不了你的特定要求。你不是在责备它们，除非是在开玩笑。你很清楚，气候和土壤决定了这棵树不可能是别的样子。一棵树就算从我们的角度来看是"不好的"，它也跟一棵"好"树一样遵循其自身天性的法则。

那么，你是否注意到这意味着什么？这意味着，我们通常所说的诸多自然法则——比如气候对一棵树的作用——严格来讲可能并非真正的法则，而只是被这样称呼。当你说，落下的石头总是遵循万有引力的法则，这不就是相当于说，法则意味着"石头总归会往地上落"？你不会真的认为，当一块石头被扔出时，它会突然记起它被命令往地上落。事实上，你的意思只是，石头确实会落地。换句话说，你无法确定在事实本身之上、之外还存在任何东西——任何有关应该发生什么的法则，而该法则与确实发生之事不同。与石头或树木相关的诸多自然法则也许仅仅意味着"自然实际如何"。但是如果我们看人性法则、正当行为法则，那就是另一回事了。这一法则肯定不是指"人类实际如何"，因为正如我之前所说，很多人完全不遵守这一法则，也没有一个人会完全遵守这一法则。万有引力法则告诉你，如果你扔出石头，石头会怎么样；但是人性法则告诉你，什么是人类应该做而做不到的。换句话说，当你考虑人类时，在事实之上、之外还会有别的什么东西介入。你有事实（人们如何行事为人），你还有其他别的东西（他们应该如何行事为人）。而宇宙的其他方面，除了事实不需要任何东西。电子与分子有特定的运动方式，产生特定的结果，事情可能也就是这样了*。但是人类有特定的行为方式，事情却并非仅仅这样，因为自始至终你都知道他们应该有不同的行为方式。

这真是太特别了，让人忍不住想找借口替它开脱。比如，我们也许试着这样理解，当你说一个人不应该做他所做的事，这跟你说某块石头的形状不对劲是一样的，也就是说，他做的事碰巧妨碍了你。但事实根本不是这样。火车上有一个人比我先到，坐在角落里的座位上，而另一个人也是坐这个位子，但他是趁我转身挪动我的包才溜进去坐到那个位子上，这两个人对我的妨碍程度没有区别。但是我会责备第二个人，而不会责备第

---

* 我不认为就是这样了，后文会再说明。我的意思是，就目前阶段的讨论而言，可能就是这样了。

一个人。对一个不小心绊倒我的人，我不会生气——在被绊倒的一刹那可能会；但对一个企图绊倒我的人，哪怕他没得逞，我也会生气。尽管实际上不利于我的是第一个人，而不是第二个人。有时候，我称之为坏的行为根本不会妨碍我本人，甚至正相反。在战争中，双方都会觉得对方的叛徒对自己很有用。尽管他们会使用这个人，还会付他钱，但他们只会当他是人渣。所以，你不能因为别人的行为碰巧对自己有利就称之为正当。至于我们自己的正当行为，要我说显然不是指能获得利益的行为，而是指以下这样的事：本来能拿到三英镑却只拿到三十先令，但仍然心满意足；诚实地做功课，哪怕作弊很容易；本想对一个姑娘献殷勤，但最终没有纠缠她；虽然想去安全之处，但还是留在了危险之地；遵守你不太想遵守的诺言；说出真相，哪怕这让你看起来像个傻瓜。

有些人说，尽管正当行为并不意味着在某个特定时刻某个特定的人能有什么收益，它仍然意味着对整个人类有益的行为，这一点没什么神秘可言；人类毕竟是有理智的，他们明白一个社会如果不是人人讲公道，则谁都不可能获得任何真正的安全或幸福，也是因为明白这一点，他们才努力克己奉公。诚然，只有当个体、阶级、国家都彼此公平友爱相待，安全和幸福才成为可能，这一点千真万确。这是这个世界上最重要的真理之一。但是用来解释为什么我们有对错的感觉，则属文不对题。如果我们问："为什么我应该无私？"你回答说："因为有利于社会。"我们也许可以接着问："为什么我要在乎什么有利于社会？除非是正好对我个人有利。"[5]然后，你就不得不说："因为你应该无私"——这样我们就又回到了老地方。你说得对，但是在解决问题上并没有什么进展。如果有人问为什么要踢足球，回答"为了进球"没有意义，因为努力进球是游戏本身，不是游戏的原因，你等于在说足球就是足球——这没错，但是也没必要说。同样，如果有人问行为正当有何意义，若回答"为了有利于社会"也不是什么好答案，因为努力有利于社会，换言之，无私（既然"社会"毕竟就是指"其他人"），正是正当行为的内容之一。你实际上等于在说正当行为就是正当行为。那你还不如直接说"人应该无私"，意思是一样的。

　　而这就是我想直接说的：人应该无私，人应该公正。不是说人就是无私，也不是说人喜欢无私，而是他

<hr>

5. 路易斯在这里的论辩也许可以这样来理解：有很多人清楚所谓正当行为有利于建构和谐公正的社会，但他们仍然不会以正当行为来要求自己，仍然会为了一己私利而不择手段。对这样的人，我们到底凭什么对他们说"人应该无私"呢？

们应该无私。道德法则或人性法则并非关乎人类行为的事实，而万有引力法则是（也可能仅仅是）关乎重物运动的事实。另一方面，道德法则也并非幻想，因为我们无法摆脱它。我们一旦摆脱道德法则，我们关于人所做的大多数思考，说的大多数话，最终都不过是一派胡言。道德法则也不仅仅是关于我们为了自己方便而希望别人如何行为的陈述，因为我们称之为坏或不公平的行为，并非就是妨碍我们的行为，甚至可能正相反。结果就是，这一对错法则或人性法则（不管叫什么吧）必然是真实的存在——确实在那里的某样东西，而不是我们生造出来的。然而，这也不是普通意义上的事实，与我们的实际行为不是一回事。现在看起来，我们似乎不得不承认存在不止一种事实。就人类的特定情况而言，在其行为的普通事实之上、之外还有某种东西存在，其真实性确定无疑——一个真正的法则，它非你我所造，却紧紧压迫着我们。

法则背后是什么

我们先总结一下目前已有的结论。就石头、大树等诸如此类的东西而言，我们所谓的自然法则也许不过就是一种说法。当你说自然受特定法则支配，这可能只是意味着自然确实以某种方式行事。这里所谓的法则也许并非什么真实存在，并非我们所观察到的事实之上、之外的什么东西。但是若论人，这便行不通了。人性法则或对错法则必然是人类行为事实之上、之外的什么东西。除了事实本身，还有别的东西——一种并非我们发明的真正法则，我们又知道应该服从它。

我现在想考虑的是，这到底会对我们生活其中的宇宙带来什么认识。自从人类可以思考开始，他们就一直在追问宇宙究竟是什么，宇宙为何存在。对于这个问题，大致可分成两大类观点。首先，有所谓唯物主义观。持此类观点者认为，物质与空间只是碰巧存在，且始终存在，没人知道为什么。物质按其特有的固定方式偶然地、纯属意外地产生了我们这种会思考的生物。有个什么东西，以千分之一机率的巧合撞击了太阳，于是产生了众多星球；又以千分之一机率的巧合，生命所必需的化学物质以及刚刚好的气温出现在其中某个星球上，于是，这个地球上的某些物质便有了生命；接着，又经过一系列的巧合，生命体发展成了我们人类这样的东西。另一种观点是宗教观*。按此观点，宇宙背后的存在比起我们所知道的任何东西更类似一个大脑。也就是说，这个存在是有意识的，也有目的和偏好。按此观

---

* 参见本小标题结尾处的"附注"。

点，是这个类似大脑的存在创造了宇宙，部分是出于我们无从得知的目的，但部分（多多少少吧）也是为了创造像自己一样的生物——我的意思是，像其自身那样拥有大脑。请不要认为这两个观点之一是极其古老的，而另一个是逐渐产生的。只要是存在会思考的人的地方，这两种观点就都会出现。而且，请注意，你并不能通过普通意义上的科学来弄清楚这两个观点中哪一个是正确的。科学通过实验运作。科学观察事物的规律。从长远来看，所有的科学结论无论貌似多么复杂，其真正所言可以概括如下："1月15日凌晨2点20分，我把望远镜对准天空中的这个部分，看到了这些东西。"或者，"我在锅里放了一点这种东西，加热到多少度，然后它就变成这样了。"切莫以为我是在说什么反科学言论，我只是在描述科学所从事的工作。而且，一个人越讲科学，他就会（我相信）越同意，这就是科学所从事的工作——也是极为有用和必要的工作。但是，为什么某样东西会存在，科学所观察的事物背后是否还存在着什么——这并非一个科学问题。如果存在"背后的什么"，人们要么永远也不会认识它，要么它会以某种不同的方式让自己被人认识。存在这样的东西，或者不存在这样的东西，这两种陈述都不是科学所能做出的。而且，真正的科学家一般都不会做这样的陈述。往往是一些记者或者畅销书作家从教科书里捡到些半吊子科学的东西，才会说那样的话。毕竟，这只是个常识问题。难不成你真觉得科学无所不能，对全宇宙的一切都了如指掌？"为什么会有一个宇宙？""为什么宇宙如此这般存续着？""宇宙有何意义？"这样的问题一直存在，将来也一样，难道不是吗？

要回答这些问题确乎无望，但我们还没有考虑以下这一点。在整个宇宙中有一样东西，也只有这一样东西，我们对它的认识要比通过外部观察获得的知识更多。这样东西就是人。我们不仅仅观察人，我们就是人。不妨这样说吧，我们有内部消息，我们是知情者。也因为如此，我们知道人发现自己受制于某种道德法则，这一法则并非他们所制定，就算他们企图遗忘也很难做到，并且他们自知应该服从于它。请注意以下这一点。任何人从外部研究人，像我们研究电或白菜那样，他如果不懂我们的语言，就无法从我们这里获得内部知识，仅仅通过观察我们的行为，他永远不会获得任何证据来证明我们有这样一个道德法则。他怎么可能获得证据呢？他的观察只会告诉他我们做了什么，而道德法则是有关我们应该做什么。同样，拿石头或天气来说，在观察到的事实之上、之后若还存在什么东西，我们仅仅从外部观察也是不可能发现的。

那么，这个问题说到底就是：我们想知道宇宙是仅仅碰巧是这样，毫无道理可言，还是背后存在着一种力量，塑造了宇宙本身。而这种力量如果存在，它就不可能是观察到的某个事实，而是塑造事实的一个实体，仅仅观察事实不可能找到这种力量。只在一种情况下，我们能够知道是否存在着什么，即通过我们自身。或者，换一种说法，如果在宇宙之外存在一种控制力，这种力量不可能以宇宙内的某个事实的面目向我们显示自身，就好比一幢房子的建筑师不可能是房子里的一堵墙、一个楼梯、一只壁炉。我们能期待它自我显现的唯一方式就是，内在于我们的一种影响力或一种命令力图让我们按特定的方式行事。而这恰恰就是我们在自己内心所能发现的东西。那么，这总该让我们多少起点疑心了吧？在唯一一个你能期望找到答案的地方，你得到了一个"是"的答案；而在其他你得不到答案的地方，你也能明白为什么得不到。再打个比方，我看到一个穿蓝色制服的人沿街走着，在每座房子前放下一个小小的纸袋。如果有人问我，你为什么认为纸袋里装着信？我会回答："因为每次这个人留给我一个小小的纸袋，我就发现里面是一封信。"如果提问者反驳："但是你从来没有亲眼看见其他人收到的信。"我就会说："当然没看见，我也没想看，因为这些信不是写给我的。我是凭我有权打开的纸袋，去解释我无权打开的纸袋。"而我们之前说的那个问题也是一样的道理。我唯一有权打开的那个纸袋是"人"。当我打开的时候，尤其是当我打开那只名为"我自己"的纸袋时，我发现我不是独立存在的，而是受制于一种法则——有什么人或东西想让我按某种特定的方式行事。当然，我不认为如果我能进入一块石头或者一棵树，就会发现一模一样的东西，就像我也不认为大街上其他人收到的信也和我的一模一样。我应该，比如说，能预料到石头必须遵循万有引力法则。寄信者告诉我要遵循我自己的人性法则，但他却强迫石头遵循石头本性的法则。不过，我应该能预料到，在这两种情况下都存在一位寄信者，现实背后的一种力量，一位导演，一位向导。

请不要觉得我步子迈得太快了。我离基督教神学的上帝还隔着十万八千里呢。我现在不过是抵达了某个决定宇宙方向的东西，它在我体内表现为一种驱动我做正确之事的法则，当我做了错事，就会让我觉得负有责任且坐立不安。我觉得我们只能假设这个东西更像大脑，而不是我们知道的其他任何东西，因为毕竟我们所知道的其他东西就是物质，你很难想象某堆物质在发号施令。不过，它当然没有必要非得像个大脑，更没必要像人。在下一节里，我们看看能否对它再多一些了解。在此，我还有一言相告。过去的一百年里，有大量的谈论上帝的奉承之词。这不是我要带给大家的东西。读者诸君大可不必为此劳神。

　　附注：我做广播节目的时候，为了让这部分内容足够简短，只提及了唯物主义观和宗教观。但是完整起见，我应该也提一下两者之间的折衷观，即生命-力哲学（Life-Force philosophy），或曰创造进化论或生成进化论。这一观点最引人入胜的阐述可以在萧伯纳[6]的作品中找到，但最深刻的阐述无疑来自柏格森[7]。持此种观点的人说，这个星球上的生命从最原始的形式"进化"为人，其间所经历的细微变化不是出于偶然，而是出于某种"生命-力"的"努力"或"目的性"。有人这样说的时候，我们必须问他们，他们所谓的"生命-力"是有大脑还是没有大脑的东西。如果他们回答有，那么一个"让生命从无到有，并将其引至完美之境的大脑"不就是上帝吗？他们的观点也因此与宗教观并无二致。如果他们回答没有，那么说某个没有大脑的东西"努

---

6. 萧伯纳（Bernard Shaw, 1856—1950）：爱尔兰剧作家，1925 年诺贝尔文学奖得主。

7. 柏格森（Henri Bergson, 1859—1941）：法国哲学家，生命哲学和现代非理性主义的主要代表，1927 年诺贝尔文学奖得主。

力"或有"目的"，究竟有什么意义呢？在我看来，这是他们这种观点的致命伤。之所以很多人会被创造进化论吸引，一个原因就是它能给人以相信上帝而有的情感安慰，却没有任何不愉快的后果。某日阳光灿烂，你身心愉悦，这时你不愿意相信整个宇宙只是一堆原子在机械地舞蹈，那么能够想象一股伟大的神秘力量穿越几个世纪，如今正载着你奔向进化的顶峰，这感觉还真挺美妙的。另一方面，如果你想干点什么上不得台面的事，因这一"生命-力"只是一股盲目的力量，既无道德又无大脑，便不会如我们从小认识的那位多事的上帝般对你横加干涉。这种"生命-力"是某种顺从的上帝。你需要的时候可以开启它，但它不会打扰你。它会带给你各种宗教刺激，但你无须付上任何代价。"生命-力"也算是这世上最高级别的一厢情愿了吧。

我们不安的理由

我在前一节结尾处提出，就道德法则而言，在这个物质的宇宙之外确实有什么人或什么东西在盯着我们不放。我也料到，说到这里你们中有些人会心里不是滋味。你们甚至可能觉得我给你们设了个套——我不过是小心翼翼地把"宗教的老一套"包装成哲学。你可能觉得你本以为我能说出什么新东西，就准备听下去；但要是绕半天圈子还是宗教，那么好吧，世界早已时过境迁，而你也不可能让时钟倒转回到人人有宗教的过去。如果有人是这样想的，我就打算对他说三件事。

第一，有关时钟倒转。如果我说你可以让时钟倒转，而且要是时钟不准，让它倒转往往还是件明智的事，你真觉得我这样说是开玩笑吗？不过，我宁愿把时钟什么的都抛到脑后。我们都向往进步。进步意味着接近你想去的那个地方。如果你已经拐错了方向，那么继续向前不会让你更接近目标。如果你走在错路上，进步意味着调转方向，重新走到正路上，这种情况下，最快转身的那个人也是最进步的。做算术的时候，我们都见过这种情况。如果我做加法有一步错了，那么越早承认错误，重新开始，也就能越快继续做下去。固执己见，拒绝认错，这可毫无进步可言。如果你看看今日世界之现状，就知道人类已经犯了大错，这显而易见[8]。如果确实如此，我们就必须回头。回头是最快的前进之道。

第二，这也尚未完全变成"宗教的老一套"。我们还远没有说到任何现实宗教中的上帝，更别说那个名为基督教的特定宗教的上帝了。我们不过是说到道德法则

---

8. 这里路易斯应该是指当时正在进行中的"二战"。

背后的"某人"或"某物"。我们还未借鉴任何圣经或教会的资源，我们只是想看看关于这个"某人"，凭我们一己之力到底能发现些什么。而我也已明确指出，我们凭一己之力发现的东西会让自己大吃一惊。关于这个"某人"，我们有两点证据。其一是他创造的宇宙。如果将此作为唯一的线索，那么我想，就不得不说他是一位伟大的艺术家（因宇宙乃极美之地），不过他也相当冷酷无情，并非人类的朋友（因宇宙乃极险恶恐怖之地）。其二是他放在我们心中的道德法则。这也是二者中更好的证据，因为它是内部信息。从道德法则那里比从一般宇宙那里能获得更多对上帝的认识，正如你要更好地认识一个人，听他说的话肯定比看他造的房子更有帮助。那么，从第二点证据中我们可以总结出，这个宇宙背后的存在对于正当行为——公正、无私、勇气、信念、诚实以及真诚——极感兴趣。在此意义上，我们应该同意基督教和其他一些宗教的说法，即上帝是"善的"。但是，我们不能操之过急。道德法则并没有给我们任何理由认为上帝在纵容、温和或同情意义上是"善的"。道德法则毫无纵容可言。它铁面无私。它告诉你做正确的事，且似乎毫不在意这样做意味着要经历多少痛苦、危险及困难。如果上帝像道德法则，那么他就不是温和的。说一位"善的"上帝意味着他是宽恕的上帝，眼下这样说没什么用，操之过急了。只有人才能宽恕。而我们还没走到有位格的上帝这一步，我们只是讲到道德法则背后的一种力量，更像是大脑而不是其他任何东西的一种力量。但它还是有可能非常不像一个有位格的生命。如果这是一个完全非人格的大脑，请求它体谅你或放过你，就像计算错误时请求乘法表放过你一样，毫无意义，你注定会得到错误的答案。如果你说，要是有这一类的上帝——一种非人格的绝对的善——那么你既不会喜欢他，也不想为他劳神。可这样说也没什么用。问题是你里面有不同声音，其中一个声音让你站在他那边，你确实赞同他对人类贪婪、欺骗和剥削的反对。你也许希望他能对你网开一面，这一次能放你一马，但是你内心深处知道，除非世界背后的这股力量真正且始终如一地厌恶此类行为，否则他就不可能是善的。另一方面，我们也知道，如果存在绝对的善，则它必定厌恶我们所做的大多数事。这便是我们置身其中的可怕困境。如果宇宙不是由一种绝对的善所统领，那么我们所有的努力从长远来看都是徒劳。但是，如果宇宙确实是由绝对的善所统领，我们却每天都在与此力量为敌，明天也不可能做得更好一点，我们就还是一样无药可救。有它，还是没有它，我们一样无所适从。上帝是唯一的安慰，也是最高的恐惧：是我们最需要的东西，也是我们最想躲避的东西。他是我们唯一可能拥有的同盟，而我们却让自己成了他的敌人。某些人谈论起来，仿佛与绝对的善相对视是件很有趣的事。他们需要重新思考，他们仍然是在跟宗教闹着玩。善要么是至高的安全，要么是至深的危险——全看你对善作何反应。而我们的反应一直以来都错了。

第三点。我选择这样的迂回方式来引出真正的主题，并非是要跟读者玩恶作剧。我有我的理由。我的理由是，除非你面对我所描述的这些事实，否则你不会觉得基督教有任何道理可言。基督教告诉人们要悔改，然后保证只要悔改就能被宽恕。因此，对于那些不觉得自己做了需要悔改之事的人，那些不觉得自己需要任何宽恕的人，基督教无话可说（就我所知）。只有当你意识到存在一个真正的道德法则，在法则背后存在一种力量，而你已经打破了这个法则，跟那股力量为敌——只有当你有了这样的意识，只有在这一刻，你才可能开始听懂基督教要说的话。只有当你知道自己病了，你才会开始听医生讲话。当你意识到我们的处境几乎就是绝境，你才会开始理解基督徒们在说些什么。他们是在解释，我们究竟是怎么让自己陷入了眼下这种对善既恨又爱的状态。他们是在解释，上帝如何可能既是道德法则背后的那个非人格的大脑，同时又是一个有位格的生命。他们告诉你，这一法则的要求，这个你我都达不到的要求，是如何由一个有位格的生命代表我们达到了，上帝如何亲自变成了一个人，并将人从上帝的审判中解救出来。这是一个古老的故事，如果你想深入了解这个故事，毫无疑问你会去找远比我更有威望的人。我所做的只是请求人们面对事实，请求他们去理解基督教声称能回答的问题。这是一些很可怕的事实。我希望能说一些更令人愉快的话题。但是我必须说实话。当然，我非常同意基督教从长远来看能带来无法言表的安慰。但它不是从安慰开始的，它是从我所描述的沮丧开始的，而且想不先经历这种沮丧就直接抵达安慰，这样的努力也是徒劳的。在宗教里，正如在战争以及一切境况里，你不可能通过寻找安慰来获得安慰。如果你寻找真理，也许最终会找到安慰；如果你寻找安慰，你既得不到安慰，也得不到真理——你所得到的只是一开始的花言巧语和自欺欺人，以及最终的绝望。我们中的大多数人对战前那些有关国际政治的自欺欺人已经不再买账。而今也是与宗教里的自欺欺人一刀两断的时候了。

- 第2章 -

信念

有关上帝的一些对立概念

有人请我跟大家谈谈基督徒相信什么，我想先告诉大家基督徒不需要相信的一件事。如果你是基督徒，你不必相信其他所有宗教都彻头彻尾地错了。如果你是无神论者，你确实需要相信这世上一切宗教所持的主要观点是个巨大的错误。如果你是基督徒，你可以认为所有这些宗教，哪怕是最古怪的那些，也至少包含些许对真理的暗示。我还是个无神论者的时候，曾经试图说服自己，人类中的大多数在对他们而言最为重要的那个问题上所持的观点是错的；成为基督徒之后，我的视角倒是更自由了些。但是，当然了，身为基督徒确实意味着要思考基督教和其他宗教的分歧在哪里，在哪些地方基督教是对的，其他宗教是错的。就好比做算术题——只有一个正确答案，所有其他答案都是错的，但是某些错误答案要比另一些更接近正确答案。

人的第一大区分是有信和不信，大多数人相信有神，少部分人不相信有神。在这一点上，基督教与大多数人为伍——包括古希腊人、古罗马人、现代野蛮人、斯多葛学派[1]、柏拉图主义者[2]、印度教徒、穆斯林等，与之对立的是现代西欧唯物主义者。

下面是第二大区分。所有信神的人可以按照他们相信什么样的神来区分。这里有两种非常不同的观点。一种认为神凌驾于善恶之上。我们人类会说这个好，那个坏。但是对某些人来说，这只是人类的观点。这些人会说，越是智慧的人越不想区分好坏，也越能看清一切事物都是在某种意义上是好的，而在另一种意义上是坏

---

1. 由芝诺（Zeno of Elea，公元前 336—前 264 年）于公元前 300 年左右创立的古希腊哲学流派，属于泛神论。该派哲学认为"神"就是宇宙内蕴的一种理智原则，使万物都按着理性的原则运行。
2. 柏拉图主义者的神是超验的，是至善的理型，是非人格化的。

的，无一例外。于是乎，这些人认为，远在你靠近神性视角之前，好坏的区分就已经消失殆尽。我们说癌症是坏东西，他们则会说：这是因为癌症杀死人，但是你也不妨说一位成功的外科医生是坏的，因为他杀死癌症。这都取决于你的视角。与之对立的观点是，神是绝对的"善"或"正义"，是一位有立场的神，他扬善惩恶，要求我们这样做，而不能那样做。这两种观点中的第一种——认为神凌驾于善恶之上——被称为泛神论。就我所知，持这一观点的有伟大的普鲁士哲学家黑格尔，以及印度教徒。持另一种观点的有犹太人、穆斯林以及基督徒。

与泛神论和基督教的上帝观念这一巨大区别比肩而立的，还有另一种区别。泛神论者一般认为，神驱动宇宙，正如你驱动自己的身体。宇宙几乎等同于神，因此如果宇宙不存在，则神也不会存在，而你在宇宙中找到的任何事物都是神的一部分。基督教的观念则很不一样。基督徒认为，上帝发明并造出了宇宙——就像一个人画出一幅画，或者谱出一支曲子。画家不是画，就算他的画被毁了，他本人不会死。你也许会说，"他把自己的很大一部分融进了画中"，但你的意思不过是说，画中的美和趣味都出自画家的大脑。技艺存在于画家脑中或手中，这跟技艺体现在绘画作品中是两回事。我希望你能认识到，泛神论者和基督徒之间的这种区别与之前那个区别是如何相关联的。如果你不把善恶之间的区别当回事，那么把你在这世上找到的任何东西说成是神的一部分就很容易。但是，如果有些事物在你看来非常坏，而神又非常好，那么你当然就没法那么说了。你必须相信神有别于这个世界，我们在这世上看到的有些事物是与神的意志相违背的。面对癌症或贫民窟，泛神论者可以说："但凡你能从神性视角来看它，你会意识到这也是神。"基督徒回答："别说这该死的蠢话了。"* 因为基督教是一个争战的宗教。基督教认为上帝创造了世界——空间和时间，冷和热，所有的颜色和味道，所有的动物植物，这些都是上帝"从他大脑中造出来的"，就像人编出一个故事。但是基督教也认为上帝所造的这个世界出了很多问题，而且上帝要求，且是坚决地要求，我们要改邪归正。

当然，这也引发了一个非常大的问题。如果一位善的上帝造了这个世界，那么世界又怎么会出问题呢？有很多年，我拒绝听基督徒们对这个问题的回答，因为我始终觉得，"不管你说什么，也不管你说得多么头头是

---

* 有一位听众抱怨"该死的"是轻浮的粗口。但我表达的就是字面意思——受上帝咒诅的"该死的"蠢话，也将（撇开上帝的恩典不说）领那些信此蠢话的人去到永恒的死地。

道，'这个世界并非出自任何有智慧的力量'——这样说难道不是简单容易得多吗？难道你们的说辞不是把简单的事弄复杂，却对显而易见的东西视而不见吗?"但是这又让我陷入另一个困境。

我当时反对上帝的论据是，这个宇宙看起来如此残酷而且不公正。但我又是如何获得公正和不公正的概念呢？一个人不会说这是一条曲线，除非他有直线的概念。当我说这个宇宙不公正的时候，我是拿它跟什么东西做比较呢？如果整场戏从头到尾都是糟糕透顶、莫名其妙，而我本该是戏中的一部分，我又怎么会发现自己对这场戏如此强烈反感呢？人掉进水里会感觉湿，因为人不是水生动物；鱼不会感觉湿。当然，我可以放弃我关于公正的概念，只说这是我的个人看法。但是，如果我那样做，我反对上帝的论据也就崩塌了，因为这个论据的基础是，这个世界确实不公正，而不是这个世界碰巧不招我喜欢。因此，在试图证明上帝不存在——换言之，所有的现实都毫无意义——的努力中，我发现自己被迫假定有一部分现实（即我关于公正的概念）是蛮有意义的。因此，无神论倒是有点太简单了。如果整个宇宙毫无意义，我们就根本不可能发现宇宙毫无意义，正像如果宇宙没有光，生物没有眼睛，我们也就永远不知道这是黑暗。黑暗将是一个没有意义的词。

入侵

好吧，无神论太过简单。我还要告诉你们另一种太过简单的观点。那是我称之为"浆糊基督教"的观点，即声称天堂里有一位至善的上帝，然后就万事大吉——把所有关于罪、地狱、魔鬼以及救赎的复杂可怕的教义统统抛开。这和无神论一样，都是婴孩的哲学。

寻找一个简单的宗教毫无益处。毕竟，所有真实的事物都并不简单。它们只不过是看起来简单。我眼前的桌子看着很简单，但是让科学家告诉你桌子是由什么构成的——所有那些关于原子，关于光波如何从原子反射至我的眼睛，然后如何作用于视神经，视神经又如何刺激我的大脑——你会发现，我们所谓的"看见桌子"领你进入了重重谜团和复杂原理，一眼望不到头。一个念祈祷词的孩子看起来简单。如果你满足于就此停步不前，那当然也好。但是如果你不满足于此——现代世界通常不满足于此——你就必须准备好接受一些难的东西。如果在简单之外我们还想要点别的东西，那么抱怨这别的东西不够简单就是愚蠢的。

然而，却常有一些并不愚蠢的人会走这样愚蠢的路子，他们有意无意想要击垮基督教。这样的人举出一个适合六岁儿童的基督教版本，然后将之作为自己攻击的目标。当你试图解释受过教育的成年人所接受的基督教教义是什么样的，他们就转而抱怨你把他们搞得晕头转向，太复杂了。他们敢肯定如果真有一位上帝，他会让"宗教"简单一点，因为简单就是美，等等。对于这样的人你还是要有点防备，因为他们会随时改变立场，只会浪费你的时间。也请注意他们有关上帝"让宗教简单"的观点，他们好像把"宗教"看作是上帝发明的，而不是上帝在向我们显现关于他自己本质的某些不可改变的事实。

依我本人经验，现实除了是复杂的，也往往是奇怪的。现实既不齐整，也不清晰，且总在意料之外。比如，当你了解到地球以及其他行星都围着太阳转，你自然会期待行星都是相互匹配的——相隔同样的距离，或者按规律增加的距离；同样大小，或者离太阳越远就越大或越小。事实上，无论大小还是距离都毫无韵律或道理可言（就我们所见）。有些行星带一个卫星，有些带四个卫星、两个卫星，有些一个都不带，还有一些自带光环。

事实上，现实往往是你无法猜透的东西。这是我相信基督教的原因之一。这不是一个你能猜到的宗教。如果基督教给我们的只是我们一直期盼的那种宇宙，我会觉得这是我们自己编出来的。但是，事实上，它恰恰不是谁能编出来的那类东西。它有着真实事物所拥有的那种奇特的反转。因此，我们还是把所有这些婴孩的哲学都抛到身后吧——这都是些过分简单的答案。一个并不简单的问题，不可能有一个简单的答案。

先来看看问题本身：这个宇宙有着太多明显糟糕且看起来毫无意义的东西，还偏偏有我们这种知道这个宇宙既糟糕又毫无意义的生物。只有两种观点直面所有的事实。一种是基督教的观点，即这是一个好的世界，只是已经变坏了，但仍然存有世界本应如何的记忆。另一种观点即所谓的二元论。二元论是指相信一切事物背后存在两种平等且相互独立的力量，一种是善，另一种是恶，而这个宇宙就是这两股力量无休止争斗的战场。我个人认为，二元论是市面上仅次于基督教的，最有气魄和说服力的信条。但二元论自身有潜在的问题。

这两种力量，或精神，或神——一善一恶——被认为是相互独立的。它们都恒久存在。不是一个创造了另一个，谁也不比谁更有权自称为神。二者据此也都认为自己是好的，对方是坏的。其中一个喜欢仇恨和残忍，另一个喜欢爱和仁慈，二者各执一词。那么当我们称其中一种为善的力量，另一种为恶的力量，我们到底是什么意思？要么我们只是说，我们碰巧喜欢这个胜过那个——就像喜欢啤酒胜过苹果汁；要么我们是说，无论这两股力量自己怎么想，也不管我们人类当下碰巧喜欢哪一个，其中一个就是错的，即使它自认为善。如果我们的意思只是我们碰巧喜欢第一个，那么我们就必须完全放弃讨论善恶。因为善意味着不管你在任何时候碰巧喜欢什么，你都应该选择善。如果"从善"只是意味着加入你碰巧喜欢的那一方，没有什么真正的原因，那么善也就不配称为善。所以我们的意思必须是说，两种力量中有一种确实是错的，另一种确实是对的。

但是，你这样说的那一刻，就已经在宇宙中加入了这两种力量之外的第三者：某种有关善的法则、标准或规则，这两种力量中的一种符合这一法则，而另一种则不符合。但是，既然这两种力量都由这一标准来衡量，那么这一标准，或者制定这一标准的"存在"，就要超然于两种力量中的任何一种，他才是真正的上帝。事实上，我们称它们为善或恶的意思其实就是，其中一个与真正的终极上帝是正确的关系，而另一个与他是错误的关系。

同样的观点也可以换一种说法。如果二元论是正确的，那么恶的力量之所以喜欢恶就是出于恶本身。但是，在现实中，我们从没见过哪个人喜欢恶仅仅因为恶是恶。最接近的例子可能是残忍。但是在现实生活中，人之所以残忍不外乎两个原因：要么他们是施虐狂，也就是说，因为他们有某种性变态，以至于残忍能够带给他们感官愉悦；要么就是通过残忍他们能获得其他什么东西——钱财、权力或安全。但是，愉悦、钱财、权力和安全就其本身而言都是好东西。恶在于以错误的手段或方式去追求它们，或者贪求太多。我当然不是说，那些这样做的人不是邪恶至极。我的意思是，如果你认真考量邪恶，就会发现邪恶是以错误的方式去追求某种善。你可以仅仅为了善而行善，但你无法仅仅为了恶而行恶。你可以仅仅因为善是对的而做一件善行，与此同时你并不想行善，也感觉不到行善的快乐。但是没有人会仅仅因为残忍是错的而做出残忍的行为——原因只可能是残忍让他愉悦或者对他有用。换句话说，善是好的，而恶甚至都没法是坏的。可以说，善，就是其自身；而恶，只是变质的善。必须先有善的东西存在，然后它才有可能变质。我们称施虐狂为性变态，但是你首先得有性常态的概念，才有可能再谈它的变态。而且，你可以分辨哪种是变态，因为你可以用常态来解释变态，却不能以变态来解释常态。综上所述，这个恶的力量不过就是个怪物，它被认为与善的力量平起平坐，其趋向恶正如后者之趋向善。为了作恶，他必须先渴望善的东西，然后以错误的方式去追求；他必须拥有最初是善的冲动，然后才能歪曲它们。但是，如果他是恶的，他就无法为自己提供善的东西去渴望，也无法为自己提供善的冲动去歪曲。他只能从善的力量那里获得两者。如果是这样，那么他就不是独立的。他只能是善的力量的世界中的一部分：他要么是由善的力量所造，要么是由这善恶力量之上的什么力量所造。

说得更简明一点，要成为恶，他必须存在，并拥有智慧和意志。但是存在、智慧和意志本身都是好的。因此，他必然是从善的力量那里去获得这些东西。为了成为恶，他也必须从他的对手那里或借或偷。如此一来，你现在能明白为什么基督教一直都说魔鬼是堕落的天使了吧？那不是讲给孩子们听的故事。那是对以下这个事实的认识：魔鬼是寄生的，而不是原生的。恶得以延续的力量是由善给予的。所有使恶人有效行恶的东西——决心，智慧，美貌，存在本身——就其自身而言都是善的。这就是为什么从严格意义上来说，二元论是行不通的。

但是坦白说，我觉得真正的基督教（区别于"浆糊基督教"）比人们想象的更接近二元论。我第一次认真读新约时有不少惊奇的发现，其中之一就是它如此频繁地论及宇宙中的某个黑暗力量——一种强大的邪恶之灵，也就是死亡、疾病以及罪背后的那个力量。区别在于，基督教认为这一黑暗力量由上帝所造，初造时是好的，后来变坏了。基督教和二元论一样认为，这个宇宙处在争战之中。但是它不认为这是两股独立力量之间的战争。它认为这是一场内战，一场叛乱，而我们在这个宇宙中的生存之地已被叛军占领。

敌占区——这就是这个世界。基督教就是关于正义之王如何降临的故事，也不妨说王是化了装降临世界，然后号召我们一起加入一场伟大的破坏行动。你去教会其实是在收听来自我们盟友的秘密无线电报，这也是敌人如此迫切阻止我们去教会的原因。敌人的手段就是利用我们的自负、懒惰和智力上的自命不凡。我知道有人会问我："在今天这个时代，你当真要重新介绍我们的老朋友魔鬼不成——又是蹄子又是犄角什么的?"时代跟魔鬼有什么关系，我倒是不知道。我对蹄子和犄角之类也不太较真。但是就其他方面而言，我的回答是："对，我就是这个意思。"我不是声称自己了解魔鬼的外形。如果有人真想认识魔鬼，我倒要对那个人说："别担心。如果你真想认识它，你会认识的。至于等你认识它之后会不会喜欢，那就另当别论了。"

惊人的抉择

基督徒们相信，一个邪恶的力量已然在这个世界称王。这自然就带来了问题。这样的局面到底符不符合上帝的意愿？如果符合，你会说他真是一位奇怪的上帝；如果不符合，这位有着绝对主权的上帝又怎么可能让任何事违背自己的意愿呢？

然而，任何一直握有权力的人都知道，某件事确实可以既符合你的意愿，又不符合你的意愿。一位母亲很明智地告诉孩子们："我不会每天晚上都过来督促你们整理书房了。你们必须自己学会保持书房整洁。"然后，某个晚上，她走进书房，发现泰迪熊、墨水、法语语法书全都躺在炉栅里。这有违她的意愿，她希望孩子们整洁。但是另一方面，正是她的意愿使得孩子们有自由让房间不整洁。同样的事情也发生在各种团体组织、工会、学校里。你规定某件事以自愿为基础，那么一半的人就不会去做。那不是你的意愿所想要的，但是你的意愿使之成为可能。

宇宙的情况很可能也是如此。上帝创造了拥有自由意志的生命体。这意味着这些生命体可以走对路，也可以走错路。有些人觉得他们可以想象出一种不可能走错路的自由生命，我想象不出。如果一个东西有变好的自由，那么它也有变坏的自由。正是自由意志使邪恶成为可能。那么，上帝为什么要给受造物自由意志？因为尽管自由意志使邪恶成为可能，它同样也是唯一能使任何值得拥有的爱、善或喜悦成为可能的东西。一个机器人的世界——像机器一样运作的生命体——实在不值得创造。上帝为他的高级受造物所设计的幸福是自由、自愿地与上帝以及彼此相联合的幸福，由此获得爱与愉悦中的狂喜，与此狂喜相比，这世上男女间最销魂的情爱也寡淡如水。为了体验这种幸福，人必须先有自由。

当然，上帝知道，如果人错误地使用他们的自由会有什么结果，但显然他还是觉得值得冒这个险。也许我们更倾向于不同意上帝的这个想法，但是跟上帝有不同想法会带来一个困难。上帝是你理性能力的源头：不可能说你对了，他错了，就像溪流不可能高于它的源头。你跟上帝辩论，就是在跟使你获得辩论能力的力量辩论，这就好比锯掉你自己屁股底下坐的那根树枝。如果上帝认为，为了自由意志，值得以宇宙中的这场战争为代价——为了创造一个活的世界，其中的生命体既可行善也可作恶，而且他们的确能够做一些意义重大的事情；而不是创造一个玩偶世界，只有当上帝牵引拉线，世界才会移动——那么我们不妨就接受，这是一个值得付出的代价。

当我们理解了自由意志，我们会明白提出下面这个问题有多愚蠢。有人就曾这样问过我："为什么上帝要造出会犯错的生物，这用的材料该有多么差劲?"一个生命的材料越好，越是聪明、强壮、自由，它走对路时就会变得越好，但走错路时则会更糟。一头牛好不到哪里去，也坏不到哪里去；一只狗会比牛更好或更坏；一个孩子比狗更好或更坏；一个普通人，更是如此；一个天才，尤胜普通人；一个超人则可能最好，也可能最坏。

黑暗力量是怎么走错路的？毫无疑问，我们提了一个人类不可能给出确定答案的问题。然而，基于我们自己走错路的经验，一个说得通的（也是传统的）猜测还是可以给出的。你一旦有了一个自我，就有了把自己放在第一位——想要成为中心——的可能，事实上就是想要成为上帝。那就是撒但的罪，他也教会了人类犯同样的罪。有些人觉得人的堕落跟性有关，这个看法是错的。（《创世记》中的故事要暗示的是，随着人的堕落，性的本质也受到腐蚀，这是堕落的结果，而不是原因。）撒但放进我们远祖脑瓜里的是一个他们可以"像上帝一样"的念头——可以靠自己独立，就好像是他们创造了自己，并且做自己的主人，在上帝之外为自己发明某种与上帝无关的幸福。我们所谓的人类历史中的一切——金钱、贫穷、野心、战争、卖淫、阶级、帝国、奴隶制——几乎都源自这一无望的企图，这个漫长又可怕的故事讲的就是，人如何拼命想在上帝之外找到能使自己幸福的东西。

为什么这种幸福永远不可能找到？原因如下。上帝创造了我们，他发明了我们，正如人发明了引擎。汽车行驶靠汽油，用其他燃料都不太可能正常行驶。而上帝设计的这款人类机器，他的运作是靠上帝本身。他就是我们的灵魂需要的燃料，或者说我们的灵魂需要的食物就是上帝本身，舍此无他。所以说，请求上帝让我们以自己的方式获得幸福，而不去关心宗教，这是不可能的。上帝不可能给我们除了他本身之外的幸福，因为这样的幸福不存在。没有这样的东西。

　　这是历史的答案。惊人的能量被消耗，各种文明兴起，了不起的制度被建立——但是每一次，都会有什么东西出错。某个致命的错误总是把自私残忍的人带到顶端，然后一切坠入不幸和毁灭。事实上，是机器失灵了。它发动的时候看起来没有问题，但开不了几步远就出故障了。他们给机器用错了燃料。那就是撒但对我们人类干的好事！

　　那么上帝做了什么？首先，他留给我们良知，即对与错的感知力。整个历史中一直都有努力追随良知的人（其中有些是全力以赴），但没有一个真正成功过。其次，上帝给了人类我称之为美好梦想的东西，我是指那些散落在异教中的奇怪故事：总有一个神死去，然后又复活，因着他的死，人类获得某种新生。第三，上帝拣选了一个特定的民族，花了几个世纪的时间敲打他们，想让他们记住自己是位什么样的上帝——只有一位上帝，且他在意公义的行为。那些人就是犹太人，旧约就是上帝如何敲打他们的故事。

接着便是真正惊心动魄的那件事了。在这些犹太人中突然出现一个人，他四处游走，听他说话的意思似乎他就是上帝。他宣布赦免人的罪；他说他亘古长存；他说他要在时间终结时审判这个世界。对这一点，我们要弄清楚。在泛神论者比如印度人中，谁都可以说自己是神的一部分，或者与神一体，这没什么好奇怪的。但是这个人，由于他是个犹太人，不可能是在说那种类型的神。上帝，在犹太人的语言中是指世界之外的那个存在，上帝创造了世界，与一切事物有着无限的差别。当你明白了这一点，你会发现这个人所说的实在是出自人类之口的最惊世骇俗的话了。

他宣告的一部分内容容易被我们忽视，因为我们听得实在太多了，以至于不再关注它意味着什么。我指的是，赦免人的罪——任何罪——的宣言。除非这个说话的人是上帝，否则这话真是荒唐到具有喜剧效果。我们都能理解一个人怎么宽恕别人对他的冒犯。你踩我的脚趾，我宽恕你；你偷我的钱，我宽恕你。但是有这么一个人，他自己也没被抢，也没被踩脚趾头，却宣布他可以宽恕你踩了别人的脚趾、偷了别人的钱的行为。这算怎么回事？蠢得像驴，这应该是我们对他的行为所能给出的最善意的描述了。然而，这就是耶稣所做的事。他告诉人们，他们的罪被宽恕了，却从未询问过那些受害者的想法。他如此爽快，就好像他才是最主要的一方，是所有过犯中最主要的受冒犯者。除非他真是上帝，他的律法被打破，他的爱在每一项罪中都会受伤害，否则毫无道理。这些话从任何一个不是上帝的人嘴里说出，在我看来都只能被当作人类历史上最无与伦比的愚蠢和自大。

然而（这一点奇怪而又重要），即便是他的敌人们在读福音书时，也往往不会得出耶稣愚蠢而自大的印象。不带偏见的读者则更加不会。耶稣说自己"柔和谦卑"，我们也相信他。但我们没有注意到，如果他只是个人，则他说的话最不可能具有柔和及谦卑这两项特点。

我这样说主要是想阻止有人说出以下的愚话，这也是人们经常说的关于他的话："我可以接受耶稣是位伟大的道德家，但我不接受他自称是上帝。"我们千万不能这么说。一个人如果仅仅是人，又说了耶稣说的那些话，他就不可能是个道德家。他要么是个疯子——跟一个说自己是只荷包蛋的人不相上下；要么他就是来自地狱的魔鬼。你必须做一个选择。要么这个人曾经是、现在依然是上帝之子；要么这个人就是个疯子，或者比疯子更糟糕。你可以把他当个傻瓜让他闭嘴；你也可以冲他吐唾沫，把他当魔鬼处死；或者你也可以匍匐在他脚下，称他为主和上帝。但是我们千万别自视甚高地说他是伟大的人类导师之类的废话。他从未给我们留下这种可能性。他没有想过要这样。

完美的悔改者

这样看来，我们所面对的真是一个可怕的选择。我们所谈论的这个人，要么就是（一直是）他自己声称的上帝，要么就是个疯子，或者比疯子更糟糕。而在我看来，很明显，他既不是疯子也不是恶魔。因此，无论这看起来有多奇怪、多吓人、多不可能，我却不得不接受他是、且永远是上帝的观点。上帝以人的样式，降临于这个被敌人占领的世界。

那么，上帝这样做的目的是什么？他来干什么？教化人？嗯，当然是。但是只要你打开新约或任何其他基督教作品，你马上会发现它们总是反复说着一件不同于教化的事——关于他的死和他的复活。很显然，基督徒认为这个故事的主旨就在这里。他们认为，他来到人世间主要是为了受苦，然后被杀。

我在成为基督徒之前有这样一个印象：基督徒们首先不得不相信的，是有关基督之死的意义的某个特定理论。根据这个理论，上帝因为人类倒戈加入撒但的叛军而要惩罚人类，但是基督自愿代受惩罚，于是上帝宽恕了我们。我承认，即便是这个理论，如今在我看来也不像以前感觉中那么不道德和愚蠢了，但这不是我要说的关键。我后来意识到，无论这个理论还是其他任何理论，其实都不是基督教。基督教的核心信念是，基督之死使我们与上帝的关系得以修复，从而给了我们一个新的开始。至于理论是如何解释这一点的，那是另一回事。对此有很多不同的理论，而所有基督徒都认同的是，我们与上帝的关系确实修复了。让我告诉你，对此我是怎么看的。所有明智的人都知道，如果你又累又饿，那么吃顿饭对你有好处。但是现代营养学理论——有关维生素和蛋白质之类——则是另一回事。人们吃完饭，然后感觉好很多，早在维生素理论出现之前就是这样。如果某天维生素理论过时了，人们的晚饭还是会照吃不误。有关基督之死的理论不是基督教，而是对基督之死如何修复人与上帝关系的解释。基督徒对这些理论的重要性看法不一。我自己所在的教会——英国圣公会——没有正式承认过其中任何一种理论。罗马天主教会则更向前一步。但是我想他们都会同意，基督之死本身要比神学家们提出的任何一种解释都重要无数倍。我想他们可能都会承认，没有哪种解释相对于事实来说是充分的。但是正如我在本书前言中所说的，我只是平信徒，而眼下我们正在进入深水之中[3]。我能告诉你们的只是我个人如何看待这件事，仅供参考吧。

我认为，这些理论本身不是你需要接受的东西。你们中的很多人肯定读过吉恩斯和爱丁顿[4]。当他们想解释原子或其他此类东西，他们会做一段描述，使你大脑中形成一幅图画。但是他们接着会警告你，这幅图画不是科学家们真正相信的东西。科学家们相信的是数学公式。那些图画只是为了帮助你理解公式。图画的真实性和公式的真实性不同，图画不会给你真正的东西，它们只是给你一些类似的东西。图画是为了起辅助作用，如果起不了辅助作用，你可以扔掉它们。那个东西本身不能被画出来，只能用数学的方式来表达。我们的情况也一样。我们相信，基督之死就是历史上的那个节点，来自天外的某样完全无法想象的事物进入了我们自己的世

<hr>

3. 此处路易斯是想强调自己不是专业神学家，而他此刻要讨论的问题是非常复杂的神学问题。

4. 吉恩斯（James Hopwood Jeans, 1877—1946）和爱丁顿（Arthur Stanley Eddington, 1882—1944）是英国著名的物理学家、数学家，是英国宇宙学的共同创立者。

界，向我们显现。如果我们甚至无法描绘出构建我们自己世界的原子，我们当然也无法描绘这样一个天外事物。如果我们发现自己能够完全理解它，这反而说明它并非自称的那样——无可想象，非受造，源于自然之上，如闪电般击入自然 5。你会问，如果我们都不能理解它，它对我们有什么益处呢？这个问题很容易回答。一个人可以吃饭，虽然他不明白食物如何带给他营养。一个人也可以接受基督为他所做的，虽然他不明白那是如何运作的。事实上，除非他先接受，否则他肯定不会明白那是怎么一回事。

我们被告知，基督因我们而被杀，他的死洗净了我们的罪，他也借着自己的死战胜了死亡本身。这就是公式。这就是基督教。这就是必须相信的东西。我们所提出的所有关于基督之死如何做到这一切的理论，在我看来都是次要的。这些理论只是大纲或图表，如果帮不了我们，我们就可以弃之不顾，而且即便它们真能帮上我们，也不能和那件事本身混淆起来。尽管如此，有一些理论还是值得了解一下的。

大多数人都听过的一个理论，也是我之前提到过

---

5. 路易斯这里的意思是，作为人我们不可能真正理解基督之死，如果能完全理解，那也就不是神迹了。

的——我们被宽恕了，因为基督自愿代替我们接受惩罚。只看表面的话，这个理论很愚蠢。如果上帝准备好了要放过我们，那他究竟为什么不干脆就放了我们呢？惩罚一个无辜的人，这到底是什么意思呢？如果你想的是治安法院意义上的惩罚，那么确实毫无道理。另一方面，如果你想象有一份债务，一个有点资产的人替另一个没有资产的人负债，那还是能讲通的。或者你不将"付罚金"理解为受惩罚，而是更广义地理解为"承担后果"或"签支票"，那么当某人自己跌进坑里，一位讲义气的朋友费力拉他出坑，这就是常见的事了。

那么，人类到底是让自己跌进了一个什么样的"坑"呢？那就是，人企图只依靠自己，就好像他是属于他自己的。换言之，一个堕落的人不仅仅是一个需要改良的不完美的生命，他是一个必须放下武器的叛逆者。放下你的武器，投降，承认你错了，意识到你一直以来都走在错误的轨道上，并且做好准备彻底重新开始生活——这是脱离我们深陷之"坑"的唯一办法。这一投降的过程，这一全速向后转的过程，就是基督徒所谓的"悔改"。悔改可不是什么好玩的事。悔改远比赔个礼、道个歉难得多。悔改意味着放下我们自行练就了几千年的自负和任性。悔改意味着杀死一部分自己，经历某种死亡。事实上，是好人才会悔改。那么，问题关键就在这里。只有坏人需要悔改，但是只有好人才能完美地悔改。人越糟糕，就越需要悔改，也越无法悔改。唯一可以完美悔改的那个人，自己必须是一个完美的人——而且他也是原本无须悔改的那个人。

记住，这一悔改，这一心甘情愿的谦卑，这一某种意义上的死亡，不是上帝在愿意接受你之前向你提出的要求，也不是上帝赦免你（如果他愿意赦免）之前要求你做的，这只是在描述回归上帝是怎样一种状态。如果你想让上帝接受你，却又不悔改，这无异于要求上帝让你回家，但同时你又不回家。这是不可能的。那么，我们就必须走完悔改的全程。但是，我们需要悔改是因为我们坏，我们的坏又令我们无法悔改。如果上帝帮助我们，我们是不是就能悔改了？是的，但是我们说上帝帮助我们到底是什么意思？这么说吧，我们的意思就是上帝把他自己的一部分给我们。他借给我们一点他自己的理性能力，然后我们会思考；他把他的一点爱给我们，然后我们会彼此相爱。当你教一个孩子写字，你握住他/她的手，引导他/她的手写出一个个字，他/她的手写出字来是因为你在写。我们爱，我们思考，因为上帝爱，上帝思考，并且当我们爱和思考的时候上帝会握住我们的手。那么，如果我们不曾堕落，一切自然顺风顺水。但不幸的是，我们现在却需要上帝帮助我们做他按其本质从来不做的事——降卑、受苦、顺服、死亡。上帝的本质中没有一样是呼应这一过程的。因此，我们现在最需要上帝引领的这条路，却是上帝按其本质从未走过的一条路。上帝只能分享他有的东西，可是这一样，是他的本质中所没有的。

但是假设上帝变成一个人——假设我们受苦和死亡的人类本质与上帝的本质融合在一个人身上——那么这个人就可以帮助我们了。他可以使他的意志降服，并且受苦和死亡，因为他是人；他也可以完美地做这一切，因为他是上帝。唯有当上帝在我们之中做了这件事，你我才可能经历这一过程。但是上帝也唯有变成人，才可能做这件事。唯有当我们人类参与了上帝之死，我们自己的这一次死亡才成为可能，正如我们之所以能思考，仅仅因为我们的思维是上帝智慧海洋中的一滴水珠。但是我们不可能参与上帝的死，除非上帝死去。而上帝不可能死去，除非他变成一个人。上帝替我们还债就是这个意义上的还债，他也替我们承受了他自身根本不必承受的苦难。

我曾听到有人抱怨说，如果耶稣既是上帝又是人，那么他的苦难和死亡在他们眼中就毫无价值："因为对他来说，这一切肯定都容易得很。"有人也许会斥责这一异议所包含的无情和无礼（斥责得在理），但让我吃惊的是这种看法背后的误解。当然，从某种意义上说，提出这一异议的人也是对的。他们甚至已经算很委婉了。完美的顺服、完美的受苦、完美的死亡，不仅因为耶稣是上帝而比较容易，而且只因为他是上帝才有可能。但是以此为理由不接受这一切，难道不是很奇怪吗？老师可以手把手带孩子写字，因为老师是成年人，知道怎么写字。写字对老师来说当然更容易，也正因为对他来说更容易，他才能帮助孩子写。如果孩子因为"对成年人来说更容易"就拒绝老师，然后等着向另一个自己也不会写字的孩子（也因此没有"不公平的"优势）学写字，他肯定不会学得有多快吧。如果我掉进一条水流湍急的大河，有个人一只脚还在岸上，他就可能伸手拉我一把，救我的命。难道我（在挣扎呼吸的间歇）应该对着他喊："不要，这不公平！你有优势！你一只脚还在岸上！"这个优势——你可以说它"不公平"——是他能帮到我的唯一原因。你不去向比你更强大的寻求帮助，那么你要去哪里寻求帮助呢？

　　这就是我对基督徒们所说的"赎罪"的看法。但是记住，这只是又一幅图画罢了。不要把图画误作事实本身，如果它对你没有帮助，大可不必理会。

如实总结

基督经历了完全的顺服和羞辱：完全，因为他是上帝；顺服和羞辱，因为他是人。基督教的信仰就是：如果我们通过某种方式参与基督的降卑和受苦，我们也就分有了他对死亡的得胜，找到死后的新生，并在其中成为完美的、完全幸福的受造物。这不仅仅意味着我们要努力追随基督的教诲。人们常常会问进化的下一步——迈向超人的一步——什么时候发生。但是在基督教看来，这一步已经发生。在基督里产生了一种新人，而这种在基督里开始的新生命是恩赐给我们的。

这种新生命是如何获得的？就请先想一想我们是如何获得现有的生命的。我们从别人即我们的父母和我们所有的先祖那里获得它，并没有经过我们的同意，且过程很稀奇，包含着快乐、痛苦以及危险——这是一个你怎么猜也猜不到的过程。我们中的大多数人在童年时代花了很多年努力去猜测这个过程。有些孩子在第一次被告知时，还会不愿意相信——我倒真觉得不能怪他们，确实太奇怪了。那么，这位安排了这一过程的上帝和安排这种新生命——基督里的生命——之传播的上帝，是同一位上帝。我们必须做好准备，这个新生命的获得也会同样奇怪。上帝在发明"性"的时候并没有征求我们的意见，他做第二次发明的时候同样也没征求。

有三件事将"基督里的生命"传给我们：洗礼、信仰，以及不同基督徒有不同称呼的那个神秘仪式——圣餐礼、弥撒、主餐。至少可以说，这是三种普通方式。我的意思不是说不可能存在一些特殊情况，没有这三件中的某一件或某几件，"基督里的生命"也照样传播，这样的情况也会发生。我没有时间探讨特殊情况，也并不了解足够多的特例。如果你想在几分钟里告诉一个人怎么去爱丁堡，你会告诉他火车班次。没错，他是可以坐船或坐飞机去那里，但是你不太可能这么建议。我也根本没说这三件中哪一件最重要。我的循道宗[6]朋友会希望我多谈一点儿信仰，其他两样（相对而言）少说一点儿。但我不想再深究这个问题。事实上，任何声称要教给你基督教教义的人，都会告诉你得三管齐下，就我们眼下的目的而言知道这一点就足够了。

我本人看不出为什么这些事应该成为新生命的管道。但话说回来，要不是碰巧知道，我也永远不会看出某种特定的肉体愉悦和这世上出现一个新生命之间有什么关联。现实是什么样，我们就接受，絮絮叨叨现实应

---

6. 又称卫斯理宗，新教七大宗派之一，遵奉英国 18 世纪神学家约翰·卫斯理（John Wesley，1703—1791）宗教思想的各教会团体之总称，强调"因信称义"。

该是什么样，或者我们期待它是什么样，毫无益处。尽管我看不出为什么它应该是这样，但我可以告诉你为什么我相信它就是这样。我已经解释了为什么我必须相信耶稣以前是（现在仍是）上帝。他教导他的追随者，新生命是以这样的方式传播的，这看起来就如历史事件一样明白无误。换言之，我是因为他的权威而相信的。不要被权威这个词吓到。因权威而相信的意思不过是说，因为告诉你这件事的那个人在你看来值得信任，所以你信了。你所相信的东西中，百分之九十九是因权威而信。我相信有一个叫纽约的地方。我没有亲眼见过纽约。我也没法通过抽象的逻辑论证得出必然有这样一个地方。我相信有纽约，因为可信赖的人们这样告诉我。普通人相信太阳系、原子、进化论以及血液循环，是因为权威——因为科学家们这样说。世界上的每一项历史陈述都是因权威而被相信。我们中没有人见过诺曼底征服[7]，或是大败无敌舰队[8]。也没有人能像做数学题那样，通过纯粹的逻辑来证明这两个事件。我们之所以相信它们，仅仅是因为目击者们留下了文字，告诉我们他们见到了什么。事实上，这就是因为权威。一个人在其

---

7. 以诺曼底公爵威廉（William Ⅰ the Conqueror，约 1028—1087）为首的法国封建主对英国的征服（1066 年 10 月 14 日）。
8. 指 1588 年夏，英格兰舰队大败西班牙无敌舰队。

他事上如果也厌恶权威，就像有些人在宗教上那样，那么他就得满足于一辈子一无所知了。

不要认为我是在宣扬洗礼、信仰和圣餐礼可以代替你自己效法基督的努力。你的自然生命得自你的父母，这并不意味着如果你什么都不做，生命也能维持。疏忽大意会让你丢掉性命，自杀也可以使你结束生命。你必须给它喂食，照看它。但是永远记住，你不是在创造生命，你只是在保养你从别人那里获得的生命。同样，一个基督徒也可能失去在基督里的新生命，他必须努力照顾它。但是，即便是这世界上最优秀的基督徒也不是在靠他自己的蒸汽开动——他只是在保养或看护一个他永远不可能通过自己的努力来获得的生命。这意味着一个很现实的结果。只要你体内还有自然生命，它就会不断修复你的身体。伤害它，总有一刻它能复原，一具已死的身体不会这样。一个活的身体不是永远不受伤害，而是在某种程度上能自我修复。同样，基督徒不是永远不犯错的人，而是有能力悔改、每次跌倒会再爬起来重新开始的人——因为他内在拥有的"基督里的生命"始终在修复他，给他能力重复（某种程度上）那种基督亲自承受过的自愿的死亡。

基督徒与其他努力向善的人所处的位置并不相同，原因就在于此。其他人希望通过行善取悦上帝，如果上帝存在的话；或者，如果他们认为没有上帝，至少他们希望能获得好人的认同。但是基督徒认为，他所做的任何善事都是出于他内在的基督里的生命。他不认为因为我们善良，所以上帝爱我们，而是认为因为上帝爱我们，所以他会让我们善良。正如一间温室的屋顶不是因为亮而吸引阳光，而是因为阳光照在温室顶上，所以它才变亮。

我还需要说清楚的是，当基督徒们谈及基督里的生命时，他们并非仅仅指一些精神上或道德上的东西。当他们说"在基督里"或者基督"在他们里面"，那不仅仅是说他们在想着基督或者模仿基督。他们的意思是，基督确确实实运行在他们身上。基督徒的整体是个有形的有机体，基督可以通过这个有机体行动——我们是他的手指、肌肉、他身体的细胞。也许这能帮助我们理解以下几件事。这解释了为什么这种新生命不仅通过信仰这样纯粹的精神行为得到传播，而且也通过洗礼和圣餐礼这样的身体行为来传播。它不仅仅是一种观念的传播；它更像是一种进化——一个生物的或超生物的事实。想比上帝更属灵，这绝不可能。上帝从来没有想让人成为纯粹属灵的生命体，所以他才会用饼和酒这样的实物把新生命注入我们体内。我们可能觉得这太粗糙，太不属灵。上帝不觉得，他发明了饮食。他喜欢物质。

他发明了物质。

还有另一件一度令我困惑的事。只有听说过基督，然后能够相信他的人才能获得这种新生命，这难道不是可怕的不公平吗？但事实是，上帝没有告诉我们他对其他人的安排。我们确实知道，除非经由基督，没有人能得救；我们并不知道，是不是只有认识基督的人才能通过他得救。但是与此同时，如果你为那些圈外的人担心，那么你能做出的最不明智的事就是自己继续待在圈外。基督徒是基督的身体，是基督借之以做工的有机体。每一次这个身体注入新的细胞，上帝就能做得更多。如果你想帮助那些圈外的人，你必须把你自己的小细胞加入基督体内，唯有基督才能帮助那些人。想让一个人做更多的事却切掉他的手指，那就匪夷所思了。

另一种反对意见可能是这样的。为什么上帝要在这个被敌人占领的世界里化装登场，然后创立某个挖魔鬼墙角的秘密团体？他为什么不以武力登场，进攻这个世界？难道他不够强大？听我说，基督徒认为上帝确实会以武力登场，只是我们不知道在什么时候。但是，我们可以猜测为什么他要拖延。他想给我们选择加入他这一边的机会。如果一个法国人等到盟军攻进德国了才宣布他站在我们一边，我想你我都会对这个法国人很不以为然。上帝会进攻。但是，要求上帝进入我们的世界直接公开干涉，我不知道提这种要求的人是否意识到，上帝真这样做的时候会是怎样一幅画面。当那一刻来临，就是世界末日。作者走上舞台的那一刻，戏剧就落幕了。上帝是会进攻，没有错。但是，当你看到整个自然宇宙如同一场梦一般在你眼前溶化，某样东西——你的大脑从未能想象到的——铺天盖地而来，它对我们中的一些人而言无比美丽，对另一些人却又无比可怕，我们中再没有人有任何选择，在这样的时刻再说你是站在上帝一边的，还有什么用呢？这一次就是没有化装的上帝——如此势不可当，将无可抗拒的爱或无可抗拒的恐惧倾倒进每一个生命之中。到那时再选择你在哪一边，为时已晚。当站立已成为不可能，再说你会选择躺下，有什么用处呢？那将不再是选择的时刻，那将是我们发现自己真正选择了哪一方的时刻，无论我们之前是否意识到这一点。那么，今天，此刻，就是我们选择正确一方的机会。上帝的迟延，是为了给我们机会。这个机会不是永远都在的。我们必须做出选择，要么接受，要么放弃。

- 第 3 章 -

行为

道德的三个部分

有一个故事，讲的是有人问一个男孩，他觉得上帝是什么样的。这个男孩回答说，他觉得上帝就是"那种不停到处巡视的人，他要看是不是有人正玩得开心，然后就不让这人再开心下去"。恐怕这种想法也是很多人看到"道德"这两个字后的第一反应：某种干预，某种阻止你开心一刻的东西。在现实中，道德规则是人类这部机器得以运行的指令。每一条道德规则都是为了阻止机器运行过程中的某种故障、损伤或摩擦。这就是为什么，这些规则初看起来总是在干涉我们本性的倾向。当你学习如何使用机器的时候，指导员不停地说，"不对，不要那样"，因为，当然存在各种各样貌似正确的、让你觉得是摆弄这部机器的自然做法，但事实上它们都行不通。

有些人更喜欢说道德"理想"而不是道德规则，更喜欢谈论道德"理想主义"而不是道德服从。当然了，道德完美我们无法实现，从这个意义上来看，这确实是一种"理想"。在此意义上，任何类型的完美对我们人类而言都是一个理想，我们没法成为完美的驾驶员、完美的网球运动员，也没法画出完美的直线。但是，在另一个意义上，称道德完美为理想非常有误导性。当一个人说某个女人、房子、船或花园是"他的理想"，他的意思不是说（除非他是真傻）所有人都应该有和他一样的理想。在这些事情上，我们可以有不同的品位，也因此存在不同的理想。但是，把一个努力遵守道德法则的人描述为"有着崇高理想的人"就很危险了，因为这可能引导你认为道德完美是他的个人品位，而我们其他人则不必非要和他一样。这将是一个灾难性的错误。完美的行为可能正如驾车时完美的换挡一样难以实现，但是按照人类这部机器的本性，完美的行为必须被规定为所有人的理想，正如按照车子的本性，完美的换挡必须被规定为所有驾驶员的理想。更危险的是，因为自己努力不说一句谎（而不是只说一点点谎）、永远不出轨（而不是偶尔出轨），或者不仗势欺人（而不是稍微仗势欺人），就觉得自己是一个"有着崇高理想的"人。这可能让你成为一个道学家，觉得自己很特别，值得因为你的"理想主义"而获得嘉奖。在现实中，你还不如因为每次做算术题都做对就期待被嘉奖。完美的计算确实是一个"理想"，你肯定会在某些计算上出错。但是努力在每次计算中每一步都做得准确，这也没什么特别了不得的。不去努力是愚蠢的，因为每一步的错误都会让你后面很麻烦。同样，所有道德上的失败都会带来麻烦，很可能给别人带来麻烦，且必定给你自己带来麻烦。不称之为"理想"和"理想主义"，而称之为规则和服从，有助于我们记住这些事实。

接下来，我们再前进一步。人类这部机器出问题有两种情况。一种是由于欺骗或霸凌，人类个体间彼此分离、碰撞、伤害。另一种是个体本身出问题——他本身的各个部分（不同的器官、欲望等等）要么彼此分离，要么互相干扰。把我们想象成一个列队行进的舰队，你就能更清楚地理解这两种情况。要想保证行进顺利，首先船只不能互相碰撞或互侵航道；其次，每艘船都要处于适航状态，引擎正常。事实上，这两个条件也是相辅相成的。如果船只不停地碰撞，它们的适航状态不可能保持太久。另一方面，如果它们的舵机不正常，它们也不可能避免相撞事故。或者，你也可以把人类想象成一支正在演奏的乐队。为了获得好的效果，你需要两个条件：每位乐手的乐器都合调，而且每位乐手都必须在恰当的时刻加入，与其他人融合。

但是，我们还需要考虑一件事。我们还没有问，舰队要驶向哪里，或者乐队在演奏什么曲子。乐器可能都合调，也都在恰当的时刻加入合奏，但是即便如此，如果乐队答应了放送舞曲，却从头到尾都在演奏《死亡进行曲》，那么演出也不能算成功吧。舰队无论行进得多么顺利，如果目的地是纽约，最后却到了加尔各答，那航行也是失败的。

这样看来，道德似乎与三件事相关。第一，个体之间的公平竞争与和谐共处。第二，每个个体内部的所谓洁净或和谐状态。第三，作为一个整体的人类生活的普遍目标：人为什么活着；整个舰队的航线应该是什么样的；指挥家希望乐队演奏什么样的曲子。

你也许已经注意到，现代人几乎总在考虑第一件事，却忘了另两件事。当人们在报纸上说要努力实现基督教的道德标准，他们的意思一般都是指实现不同国家、阶级、个人之间的友好和公平竞争，也就是说，他们想的只有第一件事。当一个人谈论他想做的某件事，"这事错不了，因为不会伤害任何其他人"，他想的只有第一件事。他在想，只要他不撞上别的船，他的船内部是什么样都没关系。当我们开始考虑道德的时候，从第一件事入手，从社会关系入手，这是很自然的。一方面，道德败坏在这一领域造成的结果很明显，我们每天都能感觉到重压：战争、贫穷、贪腐、谎言、伪劣工程。而且，只要你抓住第一件事，就不会有太多关于道德的不同意见。几乎所有时代的所有人都同意（理论上），人类应该彼此诚实、友善、互帮互助。尽管从这里入手很自然，但是如果我们关于道德的思考到此为止，那么还不如干脆别思考了。除非我们进一步思考第二件事——每个人个体内部的洁净——否则我们就是在自欺欺人。

如果实际上船本身就是一只只根本没法操作的废桶，那么告诉它们如何行进以避免碰撞有什么意义呢？如果我们知道，我们的贪婪、懦弱、暴躁以及自大就是会让我们无法遵守社会行为规范，那么白纸黑字地拟定社会行为规范又有什么意义呢？我不是说我们不应该考虑，不应该认真考虑如何改进我们的社会体系和经济体系，我丝毫没有这样的意思。我真正要说的是，除非我们意识到只有个体的勇气和无私才能让任何体系正常运作，否则所有这些思考都只是痴人说梦。消除现行体制下的某些特定类型的贪腐或暴行并不难，但是只要人仍然是骗子和恶棍，他们就还会在新的体制下找到新的方式继续他们的老把戏。法律不可能让人变好，而没有好人又不可能有好的社会。这就是为什么我们必须进一步思考第二件事：个体内部的道德。

但是，我也不认为到这第二步就可以停下了。我们眼下已经触及这个问题：不同的世界观会导向不同的行为。而且，乍一看，就此打住也是很明智的，只要把所有明智者都认同的有关道德的那些部分继续下去就行了。但是我们真能做到吗？记住，宗教包含了很多关于事实的陈述，这些陈述要么真、要么假。如果是真的，那么有关人类舰队的正确航线就会有一套结论；如果是假的，就会是另一套完全不同的结论。比如，上文提到有人说一个东西除非伤害到其他人，否则不可能是错的。他非常明白他不能毁坏舰队中的其他船只，但是他也确实觉得无论他对自己的船做什么，都不关别人的事。但是他的船是否是他的私有财产，这存在巨大的差别，难道不是吗？我是我自己大脑和身体的主人，抑或我只是一个承租人，要向真正的主人负责，两者岂不是有天壤之别吗？如果有人为了他自己的目的创造了我，那么我就会有很多的责任，而如果我仅仅属于我自己，我是没有这些责任的。

　　基督教直言，每个人类个体都将永远存在，这个陈述要么真、要么假。如果我只活七十年，那么很多事真是不值得我去劳神，但是如果我会一直活下去，那么我最好还是认真为这些事费点神。也许我的坏脾气或嫉妒心正慢慢变得越来越严重——七十年的增长如此缓慢，以至于几乎难以察觉。但如果是一百万年，那可能就是绝对的地狱了。事实上，如果基督教是真的，地狱就是坏脾气和嫉妒心最终会变成什么样的最精准的术语。顺便提一句，还有一个不同也是永生所带来的，与独裁和民主之间的不同相关。如果个体只活七十年，那么可持续上千年的国家、民族或文明，就要比个体更重要。但是，如果基督教是真的，那么个体不仅更重要，而且是无与伦比的重要，因为个体是永世长存，而一个国家或文明的生命与个体的生命相比，不过是昙花一现。

　　那么看起来，如果我们要思考道德，就必须思考全部三个领域：人与人的关系；每个人的内在；以及人与创造人的那个力量之间的关系。在第一个领域，我们都可以互相合作。分歧是从第二个领域开始的，并在第三个领域变得更加严重。正是在第三个领域，基督教与非基督教道德观的主要差别显现出来。在本书接下来的部分，我将从基督教视角出发，看看如果基督教是真的，道德将是一幅怎样的全貌。

"基本"美德

前一节最初是一篇广播发言稿。

如果只能谈十分钟，那么为了简洁几乎得牺牲其他一切。我把道德分成三部分（加上我的舰队比喻），一个主要原因就是既要最全面又要最简短。接下来，我想再谈谈另一种古代先哲们划分道德的方式，因为太长无法用在我的广播发言里，但这是个很好的方式。

按照先哲们的划分方式，一共有七大"美德"。其中四项被称为"基本"美德，剩余三项被称为"神学"美德。对于"基本"美德，文明人都耳熟能详；而"神学"美德，按常规来说只有基督徒才了解。我在后文会讨论神学美德，眼下我要谈的是基本美德（"基本"〔cardinal〕一词与罗马天主教会的"红衣主教"〔Cardinals〕没有任何关系。这个词来源于一个意为"门轴"的拉丁词。这些美德被称为"基本"美德是因为，用我们英语的说法，它们是"中枢性的"〔pivotal〕）。这四项基本美德分别是**审慎**（Prudence）、**节制**（Temperance）、**公义**（Justice）以及**坚忍**（Fortitude）。

"审慎"，意思就是拥有实用的常识，是花工夫思考你正在做的事以及可能产生的后果。现如今大多数人几乎不会把审慎看作"美德"。事实上，因为基督说，我们只有像孩子一样才能进他的国[1]，就有许多基督徒觉得只要你是"好人"，做个傻子也没事。但这是个误解。首先，大多数孩子在做他们真正感兴趣的事情时会表现出足够的"审慎"，还会很明智地全面考虑。其次，正如圣保罗指出的，基督的意思从来都不是让我们在智力上保持孩童状态，他的意思恰恰相反。他告诉我们不仅要"驯良如鸽"，还要"灵巧如蛇"[2]。他要的是孩子的心，成人的大脑。他要我们像好孩子那样单纯和专一，充满深情，愿意受教；但是他也希望我们调动全部智力，时刻保持警惕，处于一级战备状态。你捐钱给慈善机构，但这不代表你就不需要搞清楚那个慈善机构是不是骗子。你心里所思所想的正是上帝本身（比如在你祷告的时候），但这不代表你就可以满足于思想一直像五岁时那样幼稚。如果你碰巧天生有个二流的脑瓜，上帝也不会爱你少一点，或者让你派的用场少一点，这当然一点没错。上帝接纳智力很低的人，但是他希望每个人都能充分使用他拥有的智力。正确的警语不是"好姑

---

1. 参见《新约·马太福音》18：3："你们若不回转，变成小孩子的样式，断不得进天国。"
2. 这里引用《新约·马太福音》10：16："我差你们去，如同羊进入狼群，所以你们要灵巧像蛇，驯良像鸽子。"

娘，要善良，让想要聪明的人聪明去吧"[3]，而是"好姑娘，要善良，别忘了善良也包括尽力变得聪明"。上帝不喜欢智力上偷懒的人，正如他不喜欢在任何方面偷懒的人。如果你想成为一个基督徒，那么我警告你，你正要开始的旅程需要你全身心投入——你的大脑和你的一切。不过，幸运的是，反过来是可行的。任何真诚地努力要做基督徒的人，很快就会发现自己的智力更敏锐了。不需要特殊的教育就能成为基督徒，原因之一是基督教本身就是一种教育。这就是为什么像班扬这样一位从未受过教育的信徒能够写出一本震惊全世界的书[4]。

很不幸，"节制"这个词属于词义已经发生变化的词。今天，它的意思往往是严格戒酒。但是在节制被定为第二大基本美德的时候，它完全没有此类含义。节制不是特别指向饮酒，而是针对所有的享乐，而且它的意思不是戒除，而是适度，不要过头。认为基督徒都应该滴酒不沾，这是错的。伊斯兰教是禁止饮酒的宗教，基督教不是。当然，在某个特定的时刻，某个特定的基督

---

3. 此处是引用 19 世纪英国国教牧师查尔斯·金斯莱（Charles Kingsley，1819—1875）一首诗中的句子。但句子最后部分略有改动，原文是"让愿意聪明的人聪明去吧"（and let who will be clever）。

4. 班扬（John Bunyan，1628—1688）：英国基督教作家，以《天路历程》名垂世界文学史。

徒可能有责任弃绝烈酒，要么因为他是那种一喝就会喝过头的人，要么因为他打算捐钱给穷人，要么因为他正和有酗酒倾向的人在一起，他自己喝了就让他们更想喝。但是，关键在于他的弃绝有正当的理由，他所弃绝的东西并不是他所谴责的，而且他也愿意看到别人从中获得乐趣。某种类型的坏人就有这样一个特点：他若自己放弃了什么东西，就一定想看到所有人一起放弃。这不是基督徒的方式。一位基督徒可能觉得为了特殊原因需要放弃各种东西——婚姻、肉食、啤酒或电影。但是他若说这些东西本身是坏的，或者看不起没有放弃这些东西的人，他就已经偏离了。

节制的含义在现代被限制于饮酒问题，这是一件很糟糕的事。这会使人们忘记，你可能在很多其他事情上同样不节制。一个把高尔夫球或摩托车当作生活重心的男人，一个把所有心思都花在衣服、桥牌或小狗上的女人，跟每天晚上都会喝得烂醉的人一样"不节制"。当然，前者不太容易表现出来：桥牌狂或高尔夫狂不会让你醉倒在马路中央。但是上帝不会被表面所蒙骗。

"公义"的含义远不止法庭上的一类事。它是我们今天称之为公正（fairness）的一切事物的旧称，包括诸如诚实、互助、正直、守信之类的人生品德。而"坚忍"包括勇气的两种类型——面对危险的勇气，以及在痛苦中坚定不屈的勇气。"胆量"（guts）可能是现代英语中与之最接近的一个词。当然，你会注意到，如果没有坚忍，其他几样美德的实践都很难长久。

有关这些美德还有一点应该注意。做出某个公义或节制的行为，和做一个公义或节制的人，这二者之间是有区别的。某人不擅长打网球，但他可能偶尔也会打出一个好球。而你所谓的优秀球手是指这个人的眼睛、肌肉、神经都经受了无数次打出好球的训练，以至于这些器官现在都是可靠的。哪怕这个人不在打球，他的眼睛、肌肉、神经也具有某种特殊的状态或气质，正如一个数学家即便不在做数学题，他的大脑也具有某种特定的习惯和观念。同样，一个坚持公义行为的人最终会获得某种个性品质。当我们谈论一种"美德"的时候，我们的意思正是指那种品质，而不是某个特定行为。

这一区分之所以重要，原因如下。如果我们只考虑特定行为，我们可能会鼓励三种错误的观点。

（1）我们可能会认为，只要你做了对的事情，那么你怎么做或为什么做——是情愿还是不情愿地做，闷闷不乐还是兴高采烈地做，出于害怕公众舆论而做，还是为做而做——就都无关紧要。但事实上，出于错误的原因做正当的行为无助于建立我们所说"美德"的内在品质或个性，而真正重要的正是这一品质或个性。（如果那位糟糕的网球手很用力地打出一个球，不是因为他看清楚需要出大力，而是因为他发火了，而他的这一击也可能由于运气好而帮他赢得那场比赛，但是这个球不会帮助他变成一个值得信赖的球手。）

（2）我们可能会认为，上帝想要的只是对一系列规则的服从，但其实他是想要某种类型的人。

（3）我们可能会认为，"美德"只在此世有必要——在来世，我们不再需要公义，因为没有什么可争执的事；也不再需要勇敢，因为不再有危险。在来世可能没有什么场合需要公义和勇气，这一点没错，但是来世处处都需要那种特定类型的人，而我们只有在此世有这样的行为，才可能变成那类人。关键不是如果你不具备某些个性品质，上帝就会拒绝你进入他的永恒世界；关键是如果这些品质不是至少已经开始在人们内里形成，那么也就不可能有任何外在条件能够为他们造一个"天堂"——也就是说，能让他们因上帝为我们所预备的那种深沉、强烈、不可撼动的幸福而感到幸福。

社会道德

有关人与人之间的基督教道德，第一点需要澄清的是，基督在这方面并没有传扬任何新的道德观。新约中的黄金律（己所欲，施于人[5]）只是把每个人心底一直都知道是对的东西又总结了一遍。真正伟大的道德导师从来不介绍什么新的道德教条，所谓新道德教条是江湖骗子和标新立异者的把戏。正如约翰逊博士[6]所言："人需要被提醒，甚于需要被教导。"每个道德导师真正的职责是不停地一次又一次把我们带回到那些古老而简单的、我们总巴不得视而不见的原则面前，就像把一匹马一次次带回到它拒绝跳跃的栅栏前，或者让一个孩子一次次回去做他想逃避的那部分功课。

第二点需要澄清的是，基督教从来不曾，现在也没有声称有一个详细的政治纲领，可以在某个特定时刻将"己所欲，施于人"应用在某个特定社会。基督教不可能有这样的纲领。这一道德理念适用于所有时代的所有人群，而适合某个地方或时代的特定纲领未必适合其他地方或时代。而且，无论如何，基督教本来就不是这么运作的。当基督教让你给饥饿者食物，它不会给你上烹

<hr>

5. 参见《新约·马太福音》7：12："所以，无论何事，你们愿意人怎样待你们，你们也要怎样待人，因为这就是律法和先知的道理。"

6. 约翰逊博士（Samuel Johnson, 1709—1784）：英国散文家，词典编纂家，他编写的《英语词典》自出版之日起（1755 年）即成为英语世界的权威词典，是整个 19 世纪英国人所使用的词典，其唯一性直到一百五十年后《牛津英语词典》的出版才被取代。约翰逊博士也是虔诚的基督徒，在其词典词条释义及例句中加入大量基督教内容。

饪课；当基督教让你读经文，它不会教你希伯来语和希腊语。基督教从来没有试图取代或废弃普遍意义上的人类艺术或科学。它是一位总指导，负责将艺术和科学都引领至正确的岗位；它也是能量的源头，给予艺术和科学新的生命，前提是它们愿意受其指导。

人们说："教会应该给我们带头。"说的人若用意准确，那么这话就是真话；若用意错误，这话也成了假话。他们口中的教会应该是指所有现世基督徒的整体。他们说教会要带头，意思应该是某些基督徒（碰巧有合适的天赋）应该做经济学家和政治家，所有的经济学家和政治家都应该是基督徒，并且这些人在政治和经济上所做的一切努力都应该以实践"己所欲，施于人"为目标。如果以上所言成为现实，并且我们其他人真的愿意接受，那么我们应该很快就能为我们自己的社会问题找到基督教的良方。但是，当然了，当他们要求教会带头的时候，大多数人的意思是，他们想让神职人员拿出一个政治纲领来。这很愚蠢。神职人员是整个教会中的一个特定人群，他们受过特殊训练，被分别出来负责那些关乎我们这些有永生之造物的事宜，而我们却要求他们去做一件完全不同的事，他们也没有受过相关的训练。真正肩负这个任务的是我们这些非神职人员。基督教教义的实践，比如在工会制度或教育上，必须由基督徒工会领袖和基督徒校长们身体力行，正如基督教文学来自基督徒小说家和剧作家——而不是一群主教聚在一起，一有空就使劲儿写剧本和小说。

一个完全的基督教社会应该是什么样，新约圣经还是给了我们非常清楚的线索，尽管没有细节描述。也许它给我们的已经超过我们所能接受的。它告诉我们，这样一个社会不会有游手好闲者或寄生虫：不工作者不得食。每个人都要凭双手劳动，更重要的是，每个人的工作都会生产出一些好东西。不会再有愚蠢的奢侈品的大规模生产，不会再有比产品更愚蠢的广告劝诱我们去购买，也不会再有"卖弄"或"摆架子"，没有装模作样。在此意义上，一个基督教社会是我们现在所谓的左派。另一方面，基督教社会始终坚持顺服——我们所有人对正当当选的官员的顺服（以及外在的尊重），孩子对父母的顺服，以及（恐怕是很不受欢迎的）妻子对丈夫的顺服。第三，这将是一个其乐融融的社会：充满欢歌笑语，把忧愁和焦虑视为不当。礼貌也是基督教美德之一；新约圣经对所谓"好管闲事者"深恶痛绝[7]。

---

7. 参见《新约·帖撒罗尼迦后书》3：11："因我们听说，在你们中间有人不按规矩而行，什么工都不作，反倒专管闲事。"《新约·提摩太前书》5：13："并且她们又习惯懒惰，挨家闲游；不但是懒惰，又说长道短，好管闲事，说些不当说的话。"《新约·彼得前书》4：15："你们中间却不可有人因为杀人、偷窃、作恶、好管闲事而受苦。"

如果真有这样一个社会可供你我参观，我想我们应该会得到一个很奇怪的印象。我们应该会觉得它的经济生活非常社会主义，而且还是"高级"社会主义，但是它的家庭生活和礼仪规范又相当老派——甚至可能很有仪式感和贵族气。我们每个人都会喜欢这个社会的某些部分，但是恐怕我们很少有人会喜欢它的全部。如果基督教是为人类这部机器设计的整体计划，那么结果应该就是这样。我们都在不同方面偏离了那个整体计划，我们每个人都想宣称被自己修改过的原始计划就是计划本身。你会一再发现，任何真正基督教的东西都是这样：所有人都是被它的某些部分吸引，然后想挑出这些部分，不管其他的。这就是为什么我们无法走得太远；这就是为什么为了相反的目标而战的人们会说，他们都在为基督教而战。

　　还有一点。古代的异教徒希腊人、旧约中的犹太人以及中世纪的伟大基督徒导师都给了我们同一个建议，而现代经济体系则跟这一建议完全对立。所有这些古人都告诉我们，不能借贷收利，而借贷收利——我们所谓的投资——却是我们整个经济体系的基础。也许，这不一定说明我们错了。有人说，当摩西、亚里士多德和基督徒都说：禁止收利息（或按他们的说法是"高利贷"）时，他们不可能预见到股份公司，他们想的只是私人放贷，因此我们不需要去管他们说了什么。对于这个问题，我没有答案。我不是经济学家，我也不知道投资系统是否对我们目前所处的状态负有责任。但是，如果我不告诉你们，我们全部生活的基石正是三个伟大文明所共同（或者至少乍看之下是这样）谴责的东西，我就是不诚实了。

最后再说一点。新约圣经有一段经文讲每个人都必须工作，也说明了原因："为了使他能有东西给那些困难中的人。"[8] 慈善——接济穷人——是基督教道德的一个重要部分，在那个绵羊与山羊的可怕比喻里[9]，这似乎是一切的关键所在。时至今日，有些人说慈善应该没有必要了，我们应该建设一个不存在需要救济的穷人

---

8. 参见《新约·以弗所书》4：28："从前偷窃的，不要再偷。总要劳力，亲手作正经事，就可有余，分给那缺少的人。"

9. 绵羊与山羊的比喻，指《新约·马太福音》25：31—40："当人子在他荣耀里，同着众天使降临的时候，要坐在他荣耀的宝座上。万民都要聚集在他面前。他要把他们分别出来，好像牧羊的分别绵羊、山羊一般；把绵羊安置在右边，山羊在左边。于是，王要向那右边的说：'你们这蒙我父赐福的，可来承受那创世以来为你们所预备的国。因为我饿了，你们给我吃；渴了，你们给我喝；我作客旅，你们留我住；我赤身露体，你们给我穿；我病了，你们看顾我；我在监里，你们来看我。'义人就回答说：'主啊，我们什么时候见你饿了，给你吃，渴了，给你喝？什么时候见你作客旅，留你住，或是赤身露体，给你穿？又什么时候见你病了，或是在监里，来看你呢？'王要回答说：'我实在告诉你们：这些事你们既作在我这弟兄中一个最小的身上，就是作在我身上了。'"

的社会，而不是救济穷人的社会。他们说我们应该建设这样一种社会，这话也许是对的。但是如果有人想，既然这样，我们现在就该停止救济，那他就是跟基督教道德观分道扬镳了。我认为，没有人能够规定我们应该付出多少。恐怕唯一不会错的规则就是，付出多于我们所剩余的。换言之，如果我们在衣食住行、奢侈品、娱乐等等上面的花费与同等收入者保持相同标准，我们可能就是付出太少了。如果我们献出的对我们完全无关痛痒，我就要说我们献出的太少了。我们应该有一些自己想做却无法做的事，因为慈善支出不允许我们再做。我眼下所说的"慈善"是普遍意义上的。这么说吧，你自己的亲戚、朋友、邻居或雇员的特殊困难，是上帝迫使你关注的，那可能要求你付出更多，甚至可能会让你自己捉襟见肘，入不敷出。对我们大多数人而言，乐善好施的障碍不在于我们奢侈的生活或者对更多钱的欲望，而是我们的恐惧——对生活失去保障的恐惧。我们必须常常认清这一诱惑。有时候，我们的骄傲也会阻拦我们的乐善好施。我们忍不住要在表现慷慨的时候多花钱（小费，请客），而对那些真正需要我们帮助的人却花得不够。

那么，在我结束前，我要大胆猜测一下这个部分会如何影响读到它的人。我是这样猜的，其中有些左派人士会非常生气，认为我没有往这个方向走得更远；还有一些持相反观点的人也会生气，因为他们觉得已经走得太远了。如果是这样，这又刚好把我们带回到为一个基督教社会描画蓝图的真正障碍上。我们中的大多数人关注这个主题，目的不是发现基督教说了什么，而是希望为我们自己派系的观点找到来自基督教的支持。我们寻找的是盟友，而基督教能给我们的是主人或者——法官。我本人也一样。这个部分就有一些内容是我想删掉的。我们需要从远处讲起，兜一个大圈子，否则这样的讲话不会有任何效果，原因就在于此。在多数人真的渴望基督教社会之前，它不会到来。而我们不可能渴望它，除非我们成为完全的基督徒。我可以一遍遍地说"己所欲，施于人"，直到脸红脖子粗，但是只有当我爱人如己，才可能真正付诸行动；我也只有学习爱上帝，才可能学习爱人如己；只有学习顺服上帝，才可能学习爱上帝。所以，正如我告诫过你的，我们被迫要面对更内在的东西——被迫从社会事务转向宗教事务。因为绕道看似远，捷径常误人。

道德与精神分析

我前面说了，除非我们大多数人成为基督徒，否则我们永远不可能迎来一个基督教社会。当然，这不是说我们可以把与社会相关的事都推后到想象中未来的某个遥远日期。这意味着我们必须立即着手两项工作：(1) 想办法在现代社会具体实践"己所欲，施于人"；(2) 一旦想出办法，就去做真正愿意付诸实践的那类人。下面，我想思考基督教关于一个好人的定义——基督教对人这部机器的详细说明。

在考虑具体细节之前，我还想说明两个一般问题。首先，既然基督教道德声称是一种修正人类这部机器的技术，我想你会愿意了解基督教道德与精神分析之间的关系，因为后者似乎有着类似的声明。

你需要对两件事做非常清晰的区分：其一是精神分析学家实实在在的医学理论和技术，其二是弗洛伊德和其他一些人在其之上添加的一般哲学世界观。后者——弗洛伊德的哲学——与基督教是直接对立的，与另一位伟大的心理学家荣格（Jung）也是直接冲突的。更重要的是，当弗洛伊德谈论如何治愈神经官能症患者时，他是作为一名专家在谈论自己的专业；但是当他继而谈论一般哲学，他就是个门外汉了。因此，明智的做法是在一种情况下对他洗耳恭听，在另一种情况下则不必如此——这也正是我的做法。我也肯定会这样做，因为我发现，当弗洛伊德离开自己的专业，转而谈论那个我确实有所了解的专业（即语言），他是相当无知的。但是，精神分析本身，抛开弗洛伊德和其他人加上去的那些哲学的东西，与基督教没有任何对立。在某些方面，精神分析的技术与基督教道德相重合，如果每个人都懂点精神分析也不会是件坏事；但二者也并非全程一致，因为这两种技术所做的事情很不一样。

当某人做出一个道德选择，这个过程包含两件事。其一是选择的行为。其二是心理状态赋予人的各种各样的感觉、冲动等等，这些也正是他做选择的原材料。那么，这种原材料可能有两种类型。它可能是我们所谓正常的原材料，包含所有人都会有的那类感觉；或者它可能包含非自然的感觉，原因是人的潜意识出了什么问题。所以，对真正危险的东西感到惧怕，是第一种类型的例子；非理性地惧怕猫或蜘蛛，是第二种类型的例子。男人对女人的欲望属于第一种；男人对男人的变态欲望属于第二种。精神分析所做的就是消除不正常的感觉，也就是说，为人的选择行为提供更好的原材料；而道德则是关乎选择行为本身。

这样来说吧。想象一下有三个人上战场。第一个人对危险有着常人都有的普遍自然的恐惧，他通过道德努力克制恐惧，成为一个勇敢的人。让我们假设另外两个人由于他们潜意识中的东西，他们的恐惧是夸大的、非理性的，任何程度的道德努力都无济于事。我们假设来了一个精神分析师，治愈了这两个人，也就是说，他让这两个人回到第一个人的位置。那么精神分析的问题就到此为止，随之开始的就是道德问题了。因为，这两个人现在被治愈了，他们可能会做出完全相反的选择。其中一个可能会说："感谢老天，我总算摆脱这些破玩意儿了。我终于可以做我一直都想做的事了——尽我对自己祖国的义务。"但是另一个人可能会说："好，我很高兴现在面对炮火时我也感到很镇静了，但是这当然不会改变一个事实，我还是决定要先顾自己，只要有办法，肯定是让别人去堵枪口。不再那么害怕的好处之一就是，我可以更有效地照顾自己，也能在别人面前更聪明地掩饰这个事实。"这个差别就是一个纯粹的道德差别，对此精神分析什么也做不了。你无论怎么改善这个人的原材料，还是有别的因素——这个人真实的、自由的选择——在起作用：基于他获得的原材料，他会选择最先还是最后考虑他自己的利益。而这个自由选择才是道德唯一关心的东西。

变态的心理材料不是罪，而是病。不需要为其忏悔，但是需要治愈。顺便说一句，这个区分相当重要。人类互相审判是看外在的行为。上帝审判人类是看他们的道德选择。一个神经官能症患者对猫有病态的恐惧，因为某个正当原因，他强迫自己抱起一只猫，很有可能在上帝眼中他表现出的勇气要超过一个正常人赢得维多利亚十字勋章[10]。一个自幼性格遭扭曲、被灌输残忍即正确的人，当他做出微小的善行，或是他本可以残忍却控制了自己，并可能因此被同伴耻笑时，在上帝眼中他所做的可能超过了你我为朋友舍命。

也不妨倒过来说。我们中有些看起来很好的人，事实上很可能浪费了极好的遗传基因和良好的家教，以至于我们其实真的比那些我们眼中的恶棍更糟糕。如果我们生而背负希姆莱[11]的心理状态、糟糕的家教以及他后来的权力，我们真能肯定我们会做出什么事来吗？这就是为什么基督徒被教导不要论断他人。我们看到的只是一个人凭借其原始材料所做出的选择。但是上帝根本不是以原始材料来审判人，上帝是按人拿这些材料做了什么来审判他。人的心理构成大部分可能是归因于身体，当他的身体死去，这些心理的东西也都会随之脱落，那个真正的核心的人——即在原材料基础上做出选择并且做了最好或最坏之事的那部分——将赤裸敞开。各种各样我们自以为属于自己，实则归功于良好消化系统的东

---

10. 英国最高军事荣誉，授予有杰出功勋、为英联邦而战的军人。

11. 希姆莱（Heinrich Himmler, 1900—1945）：德国纳粹党卫军、盖世太保首领，他属下的集中营屠杀了六百万犹太人，被德国《明镜》周刊评价为"有史以来最大的刽子手"。

西，会从我们中的一些人身上脱落；各种各样因心理问题或身体不好造成的恶劣的东西也会从其他人身上脱落。到那时，我们就能看到每个人真实的模样。会有不少事情是出人意料的。

这就引出我的第二个观点。人们常把基督教道德看成是一种交易，上帝说："若你遵守诸多律法，我会奖赏你；若不遵守，我也就不客气了。"我觉得这不是看待基督教道德的最佳方式。我宁愿说，每次你做选择，就是把自己的核心部分、那个做选择的部分转变得跟原来稍稍不同。纵观你的整个人生，随着这些数不清的选择，你的一生就是在慢慢把那个核心的东西转化成一个要么属天堂、要么属地狱的生命。这个生命要么与上帝、其他生命以及自我相和谐，要么与上帝、其他生命以及自我处于战争和仇恨的状态。前一种生命就是天堂，亦即喜乐、平安、知识和力量；后一种生命则意味着疯狂、恐惧、愚蠢、愤怒、无能以及永久的孤独。我们每一个人，每一分钟，都在向着两种状态中的某一种前进。

这就解释了以前我一直对基督教作家所感到的困惑：他们上一分钟看似如此严厉，下一分钟又显得如此自由、轻松。他们谈论纯粹的思想之罪，就好像这样的罪无比重要；接着，他们又说起最可怕的谋杀和背叛，好像你只要忏悔一下，一切就都被宽恕了。我现在明白他们是对的。他们一直以来思考的是行为在那个小小的核心自我上所留下的印记，没有人会在此世看到这个自我，但是我们每个人都将永远忍受（或享受）这个自我。一个人所处的位置可能会使他的愤怒导致成千上万人血流成河；另一个人所处的位置却使他无论多么愤怒都仅仅是引来耻笑而已。但是留在两个人灵魂上的小小印记却可能几无差别。这两个人都对自己做了一些事，除非他悔改，否则他所做的事就会让他下一次受诱惑时更难以抑制愤怒，而他一旦真的再次愤怒，怒气也会更加暴烈。这两个人，如果真正转向上帝，他们都可以让那个核心的自我改邪归正；如果不转向上帝，他们最终也都一样在劫难逃。从外部所见的罪是大是小，不是真正的关键所在。

最后一点。记住，正如我说过的，正确的方向通向的不仅是平安，还有知识。当一个人变好，他就会越来越看清楚自己身上仍然存在的恶；当一个人变坏，他对自己的恶的了解也会越来越少。一个恶劣程度一般的坏人知道自己不是什么好人，一个彻头彻尾的坏人觉得自己毫无问题。这真的就是常识。你醒的时候知道睡眠是怎么回事，你睡着的时候不知道。你大脑正常工作时，可以看清算术题错在哪里；你在算错的过程中，自己看不到错误。你了解醉酒的本质是在你清醒时，而不是醉酒的时候。好人既懂善，也懂恶；坏人既不懂善，也不懂恶。

性道德

我们接下来要思考与性相关的基督教道德，基督徒们称之为贞洁美德。基督教的贞洁规则不能与"端庄"（就其某一含义而言）这一社会规则相混淆。所谓端庄，即得体、正当。根据某个特定的社交圈的习俗，有关得体的社会规则规定人体的哪些部分可以展露，哪些话题可以谈论以及使用什么样的语词。贞洁规则对所有时代的所有基督徒都一样，而得体规则却是变化的。太平洋岛上一个穿得近乎赤裸的姑娘，和一个从头到脚裹得严严实实的维多利亚时代的女士，根据各自社会的标准可能同样"端庄"、得体、正当；尽管服饰如此天差地别，她们俩也可能一样贞洁（或一样不贞洁）。莎士比亚时代一位贞洁女子使用的一些语言，到了19世纪只有彻底自暴自弃的女人才可能说得出口。当人们打破自己时代和社群中流行的得体规则乃是为了挑动自己或他人的淫欲时，他们就是在触犯贞洁。但是，如果他们打破常规是出于无知或冒失，那他们顶多错在不懂礼貌。更常见的是，人们挑衅般地打破常规，目的是惊世骇俗或者让别人难堪，那么他们并非不贞洁，而是不厚道：以别人的难受为乐，这就是不厚道。我觉得，非常严格或过分讲究的得体标准并不能证明贞洁或者有利于贞洁，也因此，对于我自己所处时代发生的社会规范的放松和简化，我倒觉得是件好事。然而，在目前阶段这一变化也有不便之处，不同年龄、不同类型的人并不认可同样的标准，我们几乎都有点儿无所适从。我觉得，在这种混乱时期，老人或者老派的人应该多多小心，不要认定年轻人或者"解放的"人只要行为不规范（按照旧时标准）就一定是堕落的；同样，年轻人也不应该因为长辈不能轻易接受新标准，就管他们叫老古板或者道学家。真心真意去相信他人所有的善良，尽己所能让他人愉悦舒适，大多数的问题都能迎刃而解。

基督教美德中最不受欢迎的一条就是贞洁，对此不可能避而不谈。基督教的规定就是："要么结婚，完全忠于你的伴侣，要么彻底禁欲。"这规定如此之难，与我们的本能如此相抵触，很显然，要么基督教错了，要么我们的性本能出了问题。非此即彼。当然，作为一个基督徒，我认为是性本能出了问题。

但是，我这样认为还有别的原因。性的生物性目的是孩子，正如吃的生物性目的是修复身体。如果我们想吃就吃，爱吃多少就吃多少，我们大多数人肯定会吃太多，但也不会多到太吓人。一个人可能会吃下两个人的份量，但是他吃不下十个人的份量。胃口会略微超出它的生物性目的，但不会超出太多。但是，如果一个健康的年轻人随时放纵自己的性欲，而每一次行为都产生一个孩子，那么十年之内他可能轻而易举就繁殖出一个村庄的人。这一欲望与它的功能相比实在大到可笑，大到荒唐透顶了。

或者换个角度。你可以拉一大帮观众看脱衣舞表演——也就是说，看一个女孩在舞台上脱衣服。那么，假设你来到一个国家，剧院里坐满了观众，他们要看的就是舞台上一个被遮着的盘子，然后遮盖物慢慢揭开，在灯光熄灭之前所有人都会看到盘子上放着一块羊排或一片培根，你难道不会觉得这个国家的人食欲有点儿出问题了吗？而对于我们的性本能所处的状态，一个在不同世界里长大的人难道不会同样大惑不解吗？

有一位批评者说，如果他发现"食物脱衣表演"在哪个国家受欢迎，他的结论将是那个国家的人在挨饿。他的意思当然是暗示，导致脱衣舞这类东西的不是性腐化，而是性饥渴。在某个奇怪的地方我们发现羊排跳脱衣舞很受欢迎，我能想到的一种可能的解释是饥荒，这个我同意。但是，第二步就是测试我们的这个假设，去看看事实上那个国家的食物摄入量究竟是多是少。如果证据显示食物消耗量很大，那么我们当然只能放弃饥荒的假设，再去思考另外的解释。同样，在接受性饥渴是脱衣舞的原因之前，我们应该先找一下是否存在证据，证明我们的时代比起那些不知脱衣舞为何物的时代更为禁欲。但是，肯定没有这样的证据啊。避孕药使得婚内的性放纵成本更低，也使婚外的性放纵远比以前任何时代更安全，而公众舆论对不正当性关系甚至性变态，也是异教时代以来最宽容的。"饥荒"的假设也并非我们所能想象的唯一假设。所有人都知道，性欲和我们其他的欲望一样，随着放纵而增长。饥饿的人可能会一直想着食物，但是贪食者何尝不是如此。食堵咽喉者，和饥肠辘辘者一样，对食物的诱惑同样欲罢不能。

下面是第三点。很少有人喜欢吃不是食物的东西，或者不拿食物来吃，而是做别的事。换言之，食欲变态很罕见。但是性本能的变态却不计其数，难以治愈，令人悚然。我也不想细说这些，但是却不得不说。原因是，在过去二十年里，你我成天被灌输有关性的大言不惭的谎言。我们被告知，性欲和我们其他任何自然欲望处于一样的状态，只要我们扔掉愚蠢的老掉牙的维多利亚式谈性色变，一切都会花好月圆，这些话我们简直听得耳朵都起茧了。这不是真的。当你转头不再看广告，而去看人们真实的脸，那一刻你就会明白这不是真的。

他们告诉你，性变得一团糟是因为大家闭口不谈。但是，过去二十年里人们并没有闭口不谈性，人们从早到晚聊个不停的就是性。然而，性还是一团糟。如果闭口不谈是问题的原因，那么公开讨论本应该可以解决问题。但是没有。我认为恰恰相反。我认为，人类最初闭口不谈性，是因为性变得一团糟。现代人总是说："性不是什么可耻的事。"他们可能是两个意思。他们可能是说："人类以某种特定的方式繁殖自身，这没什么好羞耻的，而性能够带来快感，这也没什么好羞耻的。"如果他们是这个意思，他们是对的。基督教也这样说。问题不在性本身，也不在快感。古代的基督教导师们还说过，如果人不曾堕落，那么性快感不仅不会比现在少，事实上还会更多。我知道有些头脑不清的基督徒谈论这个问题，让人以为基督教把性、身体或快感本身看作是坏的。但是他们错了。基督教几乎是所有伟大宗教中唯一一个彻底认可身体的宗教——基督教相信物质是好的，上帝自己也曾成了肉身，在天堂我们还会被赋予某种类型的身体，这身体将是我们的幸福、美丽以及活力的一个重要组成部分。与其他任何宗教相比，基督教是最尊荣婚姻的，世上几乎所有最伟大的爱情诗都是基督徒创作的。如果任何人说性本身是坏的，基督教会第一时间驳斥他。但是，当然了，当人们说"性不是什么可耻的事"，他们的意思也可能是"性本能目前的现状不是什么可耻的事"。

如果他们是这个意思，我认为他们错了。我认为，性本能的现状实在可耻。享受食物没什么可耻的，可如果这世界一半的人口把食物当作他们人生的主要兴趣，没事就看着食物图片流口水、咂巴嘴，这实在可耻。我不是说，你我个人对目前的状况负有责任。我们祖先遗传给我们的身体官能在这方面已经扭曲变形，我们成长的过程中，这一本能又被吹捧放纵的舆论宣传所包围。有些人希望看到我们一直欲火中烧，目的是从我们身上赚钱。因为一个着魔的人当然很难拒绝促销叫卖。上帝知道我们的处境，他审判我们时不会不考虑我们有多少困难需要克服。重要的是我们克服这些困难的真诚和决心。

在我们被治愈之前，我们必须想要被治愈。那些真正想获得帮助的人一定会得到帮助，但是对许多现代人来说，连有这样的愿望都很难。我们很容易觉得自己需要某样东西，而其实我们内心并不是真的想要。一位著名的基督徒[12]很久以前告诉我们，他年轻时曾常常为了让自己变得贞洁而祷告。但是很多年以后他意识到，他

---

12. 是指奥古斯丁。

的嘴唇在说，"主啊，请让我贞洁"，他的心却会偷偷地加上一句："但不是现在。"这也可能发生在为了追求其他美德而发出的祈祷中。但是为什么我们现在如此难以渴求（更别说实现了）完全的贞洁？原因有三。

首先，我们扭曲的天性、诱惑我们的魔鬼，以及鼓励欲望的现代舆论宣传，这三者联手让我们觉得我们所抗拒的欲望如此"自然"，如此"健康"，如此合理，以至于抗拒几乎成了变态和不正常。一则接一则的广告，一部接一部的电影，一本接一本的小说，都把性放纵和健康、正常、年轻、坦率，以及好心情关联在一起。这种关联是一个谎言。和所有强大的谎言一样，这个谎言建立在一个真理之上——上文已经阐明的真理，即性本身（区别于围绕它而生发的纵欲和沉迷）是"正常""健康"的，以及诸如此类的。而谎言之为谎言，就在于它暗示你当下感受到的任何性诱惑都是健康和正常的。这样的暗示与基督教相去甚远，从任何角度看都是一派胡言。向我们所有的欲望投降，显然会导致阳痿、疾病、嫉妒、谎言、隐瞒，以及所有与健康、好心情、坦率正好相反的东西。任何幸福，即便是属世的幸福，也都需要很大剂量的节制。因此，任何欲望一旦过于强烈，其关于自己健康、合理的声明就都作废了。每个正常的文明人必须有一套原则，可用来作为他拒绝一些欲望而允许另一些欲望时的指导。有人是按基督教原则，有人是按卫生健康原则，还有人是按社会学原则。真正的冲突不是在基督教和"本性"之间，而在于基督教原则和其他原则对"本性"的控制上。因为"本性"（在自然欲望这一意义上）总归是要被控制的，除非你想毁掉自己的一生。基督教原则被公认要比其他原则更严格，但是我们认为，你遵循基督教原则是可以获得帮助的，而你遵循其他原则时却无法获得同样的帮助。

其次，很多人无法严肃对待基督教的贞洁，因为他们认为（虽然连试都没试过）这是不可能的。但是，当某件事是必须去做的，我们就不能考虑可能还是不可能。在考试中，面对一道选答题，你可以考虑能做还是不能做；面对一道必答题，你就只能竭尽全力去做。你可能因为一个非常不完美的答案而获得一点分数；你若根本不做，那肯定一分也没有。不仅考试是如此，战争、登山、学习滑冰、游泳、骑自行车，甚至用冻僵的手指系好硬邦邦的领子，人们在做成一件事之前往往都是在做看起来不可能的事。当你必须行动，你最终能取得的成功也将精彩至极。

我们也许确实可以肯定，完美的贞洁和完美的爱一样，不会仅仅通过人的努力就可以实现。你必须寻求上帝的帮助。即便你已经这样做了，你可能很长一段时间还是会感觉没有获得帮助，或者你得到的帮助不能满足你的需要。不要介意。每次失败之后寻求宽恕，跌倒了再爬起来，继续尽力而为。上帝首先要帮助我们抵达的往往不是美德本身，而是这种不断重新尽力而为的能力。因为，无论贞洁（或勇气，或真诚，或其他任何美德）多么重要，这一努力的过程是在操练我们的灵魂，养成甚至比美德本身更重要的一些习惯。这一过程会治愈我们对自己的错觉，教会我们依靠上帝。一方面，我们意识到，即便在我们的最佳时刻，我们也无法相信自己；另一方面，在我们最糟糕的时候，也没有必要绝望，因为我们的失败会被宽恕。尚未达到完美就自满自足，这才是唯一致命的。

第三，人们常对心理学所谓的"压抑"产生误解。心理学告诉我们，"受压抑的"性是危险的。但是"压抑"在这里是个术语，它的意思不是"被否认"或"被拒绝"意义上的"压制"。被压抑的欲望或念头被强推进潜意识里（通常是在幼年时），眼下只会以经过掩饰的、难以辨认的形式出现在大脑中。对病人来说，被压抑的性欲根本不会表现为性欲。当一个青少年或成年人致力于抗拒某个有意识的欲望，他不是在对付一种压抑，他也完全不用担心有造成压抑的危险。恰恰相反，力图贞洁的人要比其他人更清楚地意识到自己的性欲，也会很快对其了解得更多。他们了解自己的欲望，就像惠灵顿[13]了解拿破仑，或者福尔摩斯了解莫里亚蒂[14]；就像一个捕鼠人了解老鼠，或者水管工了解漏水管子。美德——哪怕只是被追求中的美德——带来光亮；而放纵带来的则是迷雾。

最后，尽管我不得不就性讲了这么多，我还是要尽力澄清一点，即基督教道德的核心不在这里。如果任何人以为基督徒把不贞洁看作罪大恶极，那他还真错了。肉体的罪很糟糕，但它们也是所有罪中最不严重的一类。最邪恶的快感恰恰都是纯精神性的：诬陷他人，发号施令，居高临下，损人不利己，以及背后伤人的快感，操控和仇恨的快感。因为我的体内有两样东西，正在与我必须努力实现的人性自我相抗争。这两样东西就是"动物性自我"和"魔鬼性自我"。而"魔鬼性自我"是两者中更坏的那一个。正是鉴于这个原因，一个定期去教会、既冷漠又自以为是的伪君子可能远比一个妓女更接近地狱。不过，当然了，既非伪君子也非妓女，这

---

13. 惠灵顿公爵（Arthur Wellesley, 1769—1852）：19 世纪英国重要政治人物，因在 1815 年滑铁卢战役中大败拿破仑而成为英国家喻户晓的民族英雄。

14. 詹姆斯·莫里亚蒂教授是英国作家柯南·道尔爵士（Arthur Conan Doyle, 1859—1930）的小说《福尔摩斯探案全集》中的虚构人物，福尔摩斯侦探的宿敌，被公认为超级反派的鼻祖。

才是最好的。

婚姻

前面一节主要是消极方面的讨论。我讨论了人的性冲动出了什么问题，但是对于性冲动的正确功能——换言之，关于基督徒的婚姻——说得很少。我不是特别想谈论婚姻，这有两个原因。第一个原因是基督教关于婚姻主题的教义极不受欢迎。第二个原因是我本人没有结过婚，因此我能说的东西都是二手的。但是尽管如此，我在谈论基督教道德时，不太可能对婚姻避而不谈。

基督教关于婚姻的观念是基于基督说过的话：丈夫和妻子要被看作一个有机体——这就是"一体"翻译成现代英语的意思[15]。基督徒们相信，上帝这样说不是表达一种情感，而是陈述一个事实——正如一个人说锁和钥匙是同一个装置，或者小提琴和琴弓是同一个乐器，他是在陈述一个事实。人类这部机器的发明者是在告诉我们，这部机器的两部分——男性和女性——就是要一对对结合，不仅是性的层面，而且是完全的结合。婚姻

---

15. 参见《新约·马太福音》19：4—6："耶稣回答说：那起初造人的，是造男造女，并且说：'因此，人要离开父母，与妻子连合，二人成为一体。'这经你们没有念过吗？既然如此，夫妻不再是两个人，乃是一体的了。所以，上帝配合的，人不可分开。"

之外的性行为之所以可憎，原因在于这些放纵者是把一方面的结合（性方面的）与其他各方面的结合割裂开来，而它们本应相互协调，构成完整的结合。基督教的态度不是说性快感有什么不对，正如吃东西的快感没什么不对。基督教的态度意味着，你不能把这种快感孤立出来，只想得到快感本身，就像你不应该为了获得味觉快感就只是咀嚼食物然后再吐出来，拒绝吞咽和消化食物。

正因如此，基督教教导我们：婚姻是一生一世的。当然，不同的教会之间也有分歧：有些完全不认可离婚；有些只在非常特殊的情况下允许离婚。基督徒们关于这个问题存在分歧，这是极大的遗憾。但是普通的非专业人士需要注意的是，不同教会在婚姻问题上，很大程度上意见是一致的，远胜过他们与外面世界之间的共识。我的意思是，不同教会都把离婚看成像切开一个鲜活的身体，看成某种外科手术。有些教会觉得这样的手术太暴力，根本就不能做；还有一些承认这是极端情况下的最后补救。他们都同意，离婚更像把你的两条腿截下来，而不是解除生意伙伴关系，或抛弃一个兵团。不同教会一致反对这种现代观点：离婚只是伙伴关系的重组，只要人们感觉不再相爱，或者两人中的某一个爱上了别人，就可以离婚。

我们在考虑这一现代观点与贞洁的关系之前，不要忘记先考虑它与另一项美德，即公义之间的关系。如我前文所言，公义包括信守诺言。每一位在教堂结婚的人都曾许下一个公开、严肃的承诺，即与他（她）的伴侣相守至死。信守这一承诺的责任与性道德并没有什么特殊关联，它与其他任何承诺是一样的。如果性冲动像现代人一直告诉我们的，与我们所有其他的冲动毫无二致，那么我们也应该像对待所有其他冲动一样对待性冲动。正如我们作出的承诺会控制那些冲动免于放纵，性冲动同样也要如此对待。如果正如我认为的那样，性冲动和我们所有其他冲动不一样，是一种"病毒"感染，那么我们就应该尤其小心不要被它引向不诚实。

有人对这种说法可能会回应道，他是把在教堂里做的承诺当作一种形式，从来没想过要当真。那么，他在做出这个承诺的时候是想糊弄谁呢？上帝吗？这可真不算非常明智。糊弄他自己？这也没有明智到哪里去。糊弄新娘，或新郎，或者对方父母？那就是欺骗了。更多时候，我想这对新人（或者其中之一）是想糊弄公众。他们想获得伴随婚姻的尊严，却又不想付出任何代价。换言之，他们是冒牌货，他们骗人。如果他们还是自鸣得意的骗子，那我对这样的人无话可说。对于连起码的诚实都不想讲的人，谁会把贞洁这项崇高又艰巨的责任加到他们身上呢？如果他们已经清醒过来，想要诚实做人，那么他们已然许下的诺言就对他们有约束力。而你们会看到，这种约束力是归于公义名下，而不是贞洁名下。如果人们不相信永恒的婚约，可能同居而不结婚要比许下根本不想信守的诺言更好。没错，他们未婚同居会犯下奸淫罪（对基督徒而言）。但是一项错误不会因为加上另一项错误而被纠正：不贞洁不会因为发假誓就不严重了。

有观点认为"相爱"（being in love）是维持婚姻的唯一原因，这样的观点使得婚姻完全不可能被看作一种契约或承诺。如果爱就是一切，那么承诺增加不了任何东西；如果承诺增加不了任何东西，那么就不应该承诺。有意思的是，当情人们真正相爱时，他们自己要比谈论爱的人更清楚这一点。正如切斯特顿[16]指出的，相爱的人自然地倾向于用誓言把彼此绑在一起。全世界的爱情歌曲都充满了至死不渝的誓言。基督教的律法并没有在爱的激情之上强加任何与激情本性背道而驰的东西，它只是要求情人们认真对待自己在激情促动下本来就想做的事情。

16. 切斯特顿（Gilbert Keith Chesterton, 1874—1936）：英国作家，天主教徒，著有《回到正统》《异教徒》《布朗神父探案集》等。

当我爱上对方（也正因为我爱对方）而做出一生一世忠于我所爱之人的承诺，当然要求我即便不再有爱情也要保持忠诚。承诺必须是关乎我能做到的事，关乎行动，没有人能承诺长久保持某个特定的感觉。那就如承诺永远不头痛，或者永远饥饿。但或许可以这样问，让两个不再相爱的人继续在一起有什么用？有几个合理的社会原因：为他们的孩子提供一个家，为保护女人（她可能因为结婚而牺牲了自己的事业）不会因为男人厌倦她就被抛弃。但是还有一个我非常确定的原因，尽管我发现有点难以解释。

难以解释是因为，很多人没法意识到 B 比 C 好，而 A 可能甚至比 B 更好。对他们来说非好即坏，他们却不想想可以有好、更好和最好，或可以有坏、更坏和最坏。他们想知道你是否认为爱国主义是件好事。如果你回答，爱国主义当然比个人自私好多了，但是爱国主义比不上博爱，两者若起冲突，也应该是爱国主义让位于博爱，他们会觉得你模棱两可。他们问你对决斗怎么看。如果你回答，原谅一个人远比跟这个人决斗更好，但即便是决斗也可能好过一辈子的敌意，好过在暗地里使劲要"扳倒那个家伙"，他们就会抱怨你不肯给他们一个直截了当的回答。我希望对于我接下来要说的话，没有人会犯以上的错误。

我们所谓的"相爱"是一种崇高的状态，在很多方面也都有利于我们。相爱令我们变得既慷慨又勇敢，打开我们的双眼使我们不仅看到爱人的美，也看到所有的美，而且会制服（尤其在开始阶段）我们的动物性欲。在此意义上，爱可以征服欲望，很了不起。有理智的人不会否认，爱远远好过耽于肉体的性欲或冷漠的自我中心。但是，正如我前文所言，"你能做的最危险的事，是把我们本性中的某一个冲动当作不惜一切代价也要追随的东西。"相爱是件好事，但并非最好的事。有很多事情在它之下，但也有很多事情在它之上。你不能把爱情当作一生的基础。这是一种高贵的感觉，但它仍然是一种感觉。没有什么感觉可以保证一直强烈如初，甚至都不能保证一直存在。知识可以长存，原则可以长存，习惯可以长存，但是感觉来了又走。事实上，无论人们怎么说，被称为"相爱"的状态一般不会长存。如果古老的童话结尾"他们从此幸福地生活在一起"被理解为"他们接下来五十年的感觉就跟他们结婚前一天的感觉一模一样"，那么这句话所描述的就是从来不曾有过，也永远不会有的事，而且如果真有，也是很有害的。谁能受得了在那样的激动中生活哪怕仅仅五年？你的工作、食欲、睡眠、友谊怎么办？但是当然，不再"相爱"并不一定意味着停止去爱。第二种意义上的爱——

区别于"相爱"之爱——不仅仅是一种感觉。它是一种深层的结合，由意志来维持，经由习惯而被刻意强化，又因伴侣双方向上帝祈求并获得的恩典而被加固（在基督教婚姻中）。即便在他们不喜欢对方时，他们也可以这样爱着对方，正如即便你不喜欢你自己的时候，也依然爱着你自己。即便他们若容许自己，也很容易与别人"相爱"时，他们仍然能够保持这种爱。"相爱"最初感动他们去承诺忠诚，之后默默的爱使他们可以持守承诺。婚姻的引擎基于后一种爱而运转，相爱是启动引擎的火花。

当然，如果你不同意我的观点，你会说："他对婚姻一无所知，他又没结婚。"你很可能是对的。但是在你这么说之前，请确认你对我的论断是基于你自己的经验，基于观察你朋友们的生活，而不是你从小说或电影中得来的观点。这要比你想象的更难。我们的人生经验受到来自书本、戏剧、电影的彻头彻尾的影响，要把我们自己真正从生活中学到的东西从这些影响中分离出来，既需要耐心也需要技巧。

人们从书本中获得这样的看法：如果你找对了结婚对象，就可以期待永远"相爱"下去。于是乎，当他们发现自己与配偶不再相爱，就认为这证明自己选错了人，可以换一个——却没有意识到，等他们换一个之后，新爱的光彩也会即刻消退，正如旧爱身上的光彩所发生的消退。在生活的这一领域中，正如其他所有领域一样，一开始总是激情万丈，但激情不会长久。一个小男孩第一次想到飞翔时激动万分，在他加入英国皇家空军真正学习飞行时就不会再有这种激动了；你第一次看到一个美丽的地方心潮澎湃，等你真住到那里就感觉平淡了。这难道是说不学飞行、不搬去美丽的地方住会更好吗？绝对不是。以上两个例子中，如果你能坚持下来，最初的激情都会被一种更安静、更持久的兴趣所取代。更重要的是（这有多么重要，我几乎找不到可以描述的语言），恰恰是那些准备好接受激情的逝去、并专心致志于严肃的兴趣的人们，最有可能在某些很不一样的地方遇见新的激情。那位学会飞行并成为优秀飞行员的人会突然发现音乐；那个在美丽地方定居的人会发现园艺。

基督说，一样事物除非先死去，否则不会获得真正的生命[17]。我觉得这句话的含义有一小部分就是指向这一点。试图保持激情，实在毫无益处——这是你能做的最糟糕的事。让激情离开，让它消失殆尽，经由死亡进

17. 参见《新约·约翰福音》12：24，"我实实在在告诉你们，一粒麦子不落在地里死了，仍旧是一粒，若是死了，就结出许多子粒来。"

入随之而来更安静的兴趣和幸福——你就会发现，你生活在一个始终充满新激情的世界。但是如果你决定把激情变成家常便饭，人为地延长激情，它们只会越来越弱，越来越少，而你在余生也只会成为一个深感厌倦、幻想破灭的老人。正因为太少人明白这一点，你才会发现那么多中年男女总在喋喋不休自己逝去的青春，而他们的年纪本该是新的视野四面涌现、新的大门四处打开的时候。比起没完没了地（也是毫无希望地）试图找回童年时第一次蹚水的感觉，学游泳可好玩多了。

我们从小说和戏剧中获得的另一个观念是，"坠入爱河"是身不由己的，发生了就发生了，就跟出麻疹一样。也因为有些已婚者相信这一套东西，一发现自己被某个新相识的人所吸引，他们立马就举双手投降了。但是，我倾向于认为，这些身不由己的激情在现实生活中要比在书本中罕见得多，至少在人成年之后是如此。当我们遇见某个美丽、聪明、富有同情心的人，在某种意义上，我们当然应该去敬仰和爱慕这些优秀的特质。但是这种爱慕要不要变成我们所谓的"相爱"，难道不是极大程度上是我们自己的选择吗？毫无疑问，如果我们脑子里全是些小说、戏剧以及煽情歌曲，我们身体里全是酒精，我们会把自己感觉到的任何爱都变成那种爱。就好比如果路面上有个沟槽，所有的雨水都会流进沟槽；如果你戴蓝色眼镜，你看见的所有东西都会变成蓝色。但这将是我们自己的错。

在结束离婚问题之前，我想区分两件经常被混淆的事。基督教的婚姻观是其一。其二是一个很不同的问题：如果基督徒是选民或国会议员，他们在多大程度上应该努力将自己关于婚姻的观点写入离婚法，从而强加到其他人身上。相当一部分人似乎认为，如果你自己是基督徒，你就应该想方设法让所有人都不离婚。我不这样认为。至少我知道，如果穆斯林试图让我们大家都不喝酒，那我会很生气。我本人的观点是，教会应该坦白承认英国人大多数不是基督徒，也因此不能被期待过基督徒的生活。应该存在两种截然不同的婚姻：一种由国家通过制约所有公民的法律来管理，另一种由教会通过制约会众的教规来管理。区分应该非常鲜明，使人一看便知哪些婚姻是基督教意义上的婚姻，哪些不是。

基督教有关婚姻恒久性的教义就讲到这里。尚有一项更不受欢迎的教义仍待讨论：基督徒妻子承诺顺服她们的丈夫。在基督教婚姻中，男人是"头"。显然这里涉及两个问题。（1）为什么要有头——为什么不是平等？（2）为什么"头"必须是男人？

（1）必须有头是源于婚姻的恒久性。当然，只要丈夫和妻子没有分歧，也就不会有头的问题，我们也希望这是基督教婚姻中的常态。但是，如果出现真正的分歧，那会发生什么？商量解决，那是当然的，但是我现在假设他们已经商量过了，可还是没能达成共识。接下来怎么办？不可能按少数服从多数，二人议会里没有大多数。那么可以肯定，以下两种情况中的一种会发生：要么夫妻分手，各走各的路，要么由其中一位投决定票。如果婚姻是恒久的，其中一方必须最终拥有决定家庭政策的权力。一个永久组织不可能没有章程。

（2）如果必须有头，为什么是男人？首先，有没有人非常严肃认真地希望由女人做头？如我前文所言，我自己没有结婚，但是就我所知，即便是想在家里做头的女人，当她发现隔壁人家是女人做头时也不会太欣赏。她更有可能说，"可怜的 X 先生！他怎么会由着那个可怕的女人对自己这样指手画脚，她那样子简直难以想象。"我还觉得，要是有人提及了她的"头领地位"，她也不会太有受恭维的感觉。妻子命令丈夫，这本身肯定有点不那么自然，因为妻子们自己对这种状态也有些羞于启齿，还会鄙视听命于自己的丈夫。但是还有另一个原因，而且我是完全以一个单身汉的身份来说的，因为你从外部要比从内部更能看清楚这另一个原因。家庭与外部世界的关系——不妨称之为家庭的外交政策——必须最终依赖于男人，因为对于外人，男性总是应该更加公平，这也往往是事实。女人主要是为自己的孩子和丈夫在与世界抗争。那么某种意义上来说，对女人而言，孩子和丈夫的要求自然也就几乎高于所有其他要求。她是他们利益的受托人。而丈夫的功能是保证妻子的这一自然偏向不能任意而为。他最终说了算，这是为了保护其他人不受妻子强烈"爱家主义"的伤害。如果有人怀疑这一点，请允许我问一个简单的问题。如果你的狗咬了邻居家的孩子，或者你的孩子伤害了邻居家的狗，你更想和谁交涉，这家的男主人还是女主人？或者，如果你是位已婚女性，请让我问你这个问题。你钦佩你的丈夫，可是你难道没想过，他主要的毛病就是不能如你所愿在邻居面前义正词严地维护他自己和你的权利吗？你难道没觉得他就像个和事佬吗？

宽恕

我在前面某节里说，贞洁是基督教美德中最不受欢迎的，但这样说不一定对，我想还有一条更不受欢迎。基督教教义中说，"当爱邻如己"[18]。因为在基督教道德中，"邻人"包括"敌人"，所以我们就要直面宽恕我们

---

18. 参见《新约·路加福音》10：27："你要尽心、尽性、尽力、尽意爱主你的上帝；又要爱邻舍如同自己。"

的敌人这一可怕的责任了。

每个人都说宽恕是个好主意，直到他们有了需要宽恕的对象，如我们在这场战争[19]中所面对的。于是乎，提及宽恕二字就意味着要被千夫所指。倒不是说大家认为这是个太高太难的美德，而是大家觉得这既可恨又可鄙。"这套话叫人恶心"，他们说。你们中的一半人已经要开口问我了："如果你是波兰人或者犹太人，我不知道你会对宽恕盖世太保作何感想？"

我也想这么问自己。我非常想知道。正如基督教告诉我不能为了保命或者逃避酷刑就背弃我的信仰，我很想知道真要是到那一刻，我应该做什么。我不是要在这本书里告诉你，我能做什么——我能做的少得可怜——我是要告诉你，基督教是什么。基督教不是我发明的。在基督教里，在基督教的中心，我发现在"免我们的债，如同我们免了人的债"[20] 这句话里，没有丝毫暗示我们被宽恕是基于其他条件。这里说得一清二楚，如果我们不宽恕，我们也将不被宽恕。没有选择余地。那么，我们怎么办？

无论如何，宽恕是极难的，但我觉得我们可以做两

19. 指第二次世界大战。

20. 引自《新约·马太福音》6：12，是耶稣基督教导门徒如何祷告的"主祷文"中的一句。

件事使它变得容易点。你学习算数，不会从微积分开始，你是从简单的加法开始的。同样，如果我们真想（完全取决于真想）学习如何宽恕，也许我们最好从比宽恕盖世太保更简单点的东西开始。我们可以从宽恕自己的丈夫或妻子，父母或孩子，或身边最近的士官开始，原谅这些人上个星期做的什么事或者说的什么话。这可能就足够我们忙活一阵子了。第二，我们也许可以试着去理解"爱邻如己"到底是什么意思。我必须爱他，就像爱我自己一样。那么，我到底是怎么爱我自己的呢？

　　说到这个问题，我发现自己并不真正喜欢自己，或者对自己多么有感情，我甚至会厌恶自己。所以，显然"爱邻"也不是"喜欢他"或"觉得他有吸引力"的意思。我以前就该意识到这一点的，因为你当然不可能通过努力来喜欢上一个人。那么，我是不是自我感觉良好，觉得自己是个不错的家伙？恐怕我有时候确实这样觉得（毫无疑问，那些都是我最糟糕的时候），但那不是我爱自己的原因。事实正好相反：我对自己的爱让我觉得自己不错，而觉得自己不错不是我爱自己的原因。所以，爱我的敌人显然也不意味着要觉得敌人好。这真是让人大舒一口气。因为在很多人的想象中，原谅敌人意味着要理解他们并非真的那么坏，而其实他们就是那么坏。那么，我们再往前一步。在头脑最清醒的时候，我不仅不会觉得自己是个不错的家伙，我还深知我是个非常卑鄙的人。我曾经做过的一些事，想起来让我自己都感到既恐怖又恶心。所以，显然我可以厌恶和憎恨我的敌人们所做的一些事。那么，说到这里，我想起很久以前就有一些基督徒教师们告诉我，我应该憎恨坏人的行为，但不憎恶这个坏人；或者用他们的话来说，恨恶罪，而不恨恶罪人。

过去有很长一段时间，我都觉得这种区分真是愚蠢、无聊至极：你怎么可能恨一个人做的事然后又不恨这个人呢？但是，很多年以后，我意识到，我这一生一直在这么对待一个人——这个人就是我自己。无论我可能多么不喜欢自己的懦弱、自负或贪婪，我还是继续爱我自己。做到这一点，实在不费吹灰之力。事实上，我之所以恨这些事，恰恰是因为我爱这个人。正因为我爱我自己，当我发现自己是会做出这种事的人，我会很难过。因此，基督教不是要我们把对残忍和背叛的憎恶减少一分一毫。我们应该憎恶残忍和背叛。我们关于残忍和背叛所说的每一个字，都无须收回。但是，基督教确实要我们恨残忍和背叛，就像我们恨自己身上的东西：我们为这个人做出了这样的事而难过，并且只要有可能，希望这个人通过某种方式在某时某处能被治愈，重新做人。

　　真正的考验在这里。假设某人在报纸上读到一则下流暴行的故事。然后，再假设事情有所变化，这个故事有可能不完全真实，或者不像描述的那么糟糕。那么，这个人的第一反应是，"感谢上帝，即便是这些人也不至于坏到那种地步"？还是感到失望，甚至铁了心要相信第一个版本，只为了觉得痛快而去认定你的敌人就是坏到不能再坏？如果是第二种反应，那么恐怕照此走下去，我们就会变成魔鬼。你看，这人都已经开始希望黑色能更黑一点。如果我们任由这种愿望抬头，不用多久我们就会希望灰色是黑色，然后就会把白也看成黑。最后，我们会坚持把所有一切——上帝、我们的朋友，也包括我们自己——都看成是坏的，而且欲罢不能：我们将被永远困在一个只有仇恨的世界里。

　　现在再往前一步。爱你的敌人意味着不惩罚他吗？不是，因为爱我自己也不意味着我不应该让自己受任何惩罚——甚至死刑。如果你犯了杀人罪，作为基督徒的你该做的就是向警察自首，接受绞刑。因此，在我看来，一个基督徒法官判人死刑，或者一个基督徒士兵杀死敌人，都是无可厚非的。自从我成为基督徒之后，也远在二战开始前，我就是这么认为的；现在我们进入和平时代，我的观点还是没变。在这里引用"不可杀人"

也没用。有两个希腊词：普通的**杀**，以及**谋杀**。基督在《马太福音》《马可福音》和《路加福音》里引用那条诫命时，三次用的都是**谋杀**这个词。我听说在希伯来文中也有同样的区分。不是所有的杀人都是谋杀，正如不是所有的性行为都是通奸。士兵们找到施洗约翰，问他该怎么办，他没有建议他们应该离开军队；基督遇到一位罗马军士长（他们称之为百夫长）时，也没有这样建议。骑士——为捍卫某个高尚事业而武装起来的基督徒——这个观念是一个伟大的基督教概念。战争是可怕的，我也可以尊重一位诚实的和平主义者，尽管我认为他大错特错。我无法理解的是现如今的这种半和平主义，让人觉得尽管你应该打仗，但是你又要拉长了脸好像自己深以为耻。正是这种感觉剥夺了很多优秀的现役基督徒青年原本有权获得的东西，也即勇气的天然的伙伴——一种快乐和全心全意。

我常常心里想，我参加过第一次世界大战，那时如果我和某个德国青年同时杀死对方，死后发现两人在一起[21]，那会是什么样的感觉。我无法想象我俩有谁会感到一点厌恶或尴尬，我觉得我们很可能会一笑置之。

我想有人会说："好，如果我们可以给敌人的行为

---

21. 应指两人都在天堂。

定罪，惩罚他，杀死他，那么基督教道德和一般观念还有什么差别呢？"天差地别。记住，我们基督徒相信人会永远活着。因此从长远来看，真正重要的是灵魂深处中心部分的那些小小的记号或扭曲，它们决定了灵魂最终是属天堂还是属地狱。如果必要，我们会杀人，但是我们不能仇恨或以仇恨为乐。如果必要，我们会惩罚人，但是我们不能以此为乐。换言之，我们体内的某些东西——厌恨的感觉，报复的感觉——都必须被消灭。我的意思不是说，任何人可以此刻就决定以后再也不会有这些感觉。现实不是这样的。我的意思是每次这种感觉只要抬头，日复一日、年复一年、终此一生，我们都必须立即给它迎头一棒。这很难做到，但并非不可尝试。即便在杀人和惩罚人的同时，我们对敌人也必须像对自己一样——希望他没有这么坏，希望他在此世或彼世能得救：事实上就是希望他好。圣经中的爱人就是这个意思：希望他好，不是喜欢他，也不是他不好的时候非说他好。

我承认，这意味着要爱一些丝毫不可爱的人。但是，你自己又有多少可爱之处呢？你爱它只不过因为它是你自己。上帝要我们以同样的方式，因同样的原因爱每一个自己。他已经给了我们答案，我们怎么爱自己，就可以照样去爱别人。我们必须继续下去，把同一个准则用于所有其他的自己。也许，记住上帝就是这样爱我们的，做起来会更加容易。上帝爱我们不是因为我们自以为拥有的任何美好、迷人的品质，只是因为我们就是那些叫作自己的东西。像我们这样一群以仇恨为乐，放弃仇恨难如戒酒戒烟的受造物，也的确没有什么可爱之处……

大罪

下面，我要谈的是基督教道德与其他道德差别最大的部分。有一种恶，这世上所有人都有，世人在别人身上见到这种恶，都会深深厌恶；而除了基督徒，又几乎很少有人会想到自己也难免此恶。我听到过人们承认自己脾气不好，承认看到姑娘、美酒就头脑发热，甚至承认自己是懦夫。可我还从没听过一个非基督徒责备自己有这种恶。同时，我也几乎没见过一个非基督徒，对于他人身上的这种恶表现出一丁点儿宽容。比起这种恶，没有什么过错更让人不受欢迎，也没有什么过错会让我们自己如此浑然不觉。而且，我们自己身上的这种恶越深，就越讨厌别人身上的这种恶。

我所说的这种恶就是骄傲，也称自负；与之相对立的美德，在基督教道德中被称为谦卑。读者也许还记得，我在讨论性道德时曾警告大家，基督教道德的中心不在那里。我们现在已经抵达中心了。基督教教师们指出，最主要的恶，恶中之首，是骄傲。不贞、愤怒、贪婪、酗酒以及所有这一切，相比之下都是小巫见大巫。魔鬼是由于骄傲才成为魔鬼，其他一切的罪都是由骄傲引起的。骄傲是内心对上帝彻底的反叛。

这在你看来是否有些夸张？如果是，请三思。我之前刚指出过，人越骄傲，就越不喜欢别人身上的骄傲。事实上，如果你想了解自己有多骄傲，最简单的方法就是问自己："当别人怠慢我，不愿意关注我，或者多管闲事、居高临下、炫耀摆谱时，我心里有多不爽？"关键是，每个人的骄傲都与其他人的骄傲互为竞争。正因为我没法成为聚会上的焦点，我才对别人成了焦点那么耿耿于怀。同行是冤家。你要搞清楚的是，骄傲主要是攀比——其本质就是攀比——而其他的恶如果具有攀比性，也只是碰巧。骄傲不会因为得到任何东西而快乐，骄傲只会因为得到比别人更多东西而快乐。我们常说，人们因富有、聪明、貌美而骄傲，事实并非如此。他们骄傲是因为比别人更富有、更聪明、更貌美。如果所有人都变得一样富有、聪明、貌美，就没什么好骄傲的了。是攀比让你骄傲：鹤立鸡群的快乐。攀比的因素一旦消失，骄傲也随之蒸发。这就是为什么我说骄傲与其他恶的不同主要在于它的攀比性。如果两个男人都想要同一个女人，他们可能会受性冲动驱使而互相竞争。但这只是碰巧如此，他们同样有可能想要两个不同的女人。但是一个骄傲的男人会抢走你的女人，不是因为他想要这个女人，而是仅仅想证明他自己比你强。如果没有足够多的钱，贪婪可能会让人们互相争抢。但是骄傲的人即便得到的已远超过他的需求，还是会继续追求更多，就是为了证明自己的权力。这个世界上，几乎所有被人们归结于贪婪或自私的罪恶，其实主要是骄傲的结果。

再来看钱。贪婪当然会使人想要钱，为了更好的房子、假期、吃喝。但是总有个限度。一年赚一万英镑的人为什么这么想一年赚两万英镑呢？一万英镑足以为任何人提供他能享受的奢侈。是骄傲——想要比其他富人更富的愿望，以及（更重要的）对权力的欲望。因为，骄傲真正喜欢的还是权力，把其他人像玩具士兵一样随意摆弄，没有什么比这更让人感觉高人一等了。是什么让一个漂亮姑娘四处招蜂引蝶，制造心碎？肯定不是她的性本能，这种姑娘往往性冷淡。是骄傲。是什么让一个政治领袖或者一个国家一往无前，欲求越来越多？还是骄傲。骄傲的本质是攀比，这就是它永无止境的原因。如果我是一个骄傲的人，那么这个世界上只要还有一个人比我更强大、更富有、更聪明，这个人就是我的竞争对手，我的敌人。

基督徒们是对的：自从创世之初起，骄傲就是每个民族、每个家庭的苦难的主要成因。其他的恶有时候还会让人们彼此靠拢，醉汉或放浪形骸者之中或许还能找到好伙伴、玩笑、友善。但是骄傲永远意味着敌意——骄傲**就是**敌意。不仅仅是人与人之间的敌意，也是人对上帝的敌意。

面对上帝，你发现他在任何方面都比你无限优越。除非你认识到上帝是这样的，并因此认识到你自己什么都不是，否则你就根本不认识上帝。只要你还是骄傲的，你就不可能认识上帝。一个骄傲的人总是俯视万物和他人，而你只要是在俯视，当然看不到你头顶之上还有些什么。

这就引发了一个可怕的问题。那些明显骄傲到骨子里的人，怎么会说他们相信上帝，而且他们眼中的自己极其虔诚呢？这恐怕意味着，他们所敬拜的只是一个想象中的上帝。他们在理论上承认，在这个上帝面前自己什么都不是，但其实他们一直都在想象这个上帝如何对他们欣赏有加，认为他们远远胜过普通人。也就是说，他们对上帝付出一便士假想的谦卑，然后得到一英镑优于同胞的骄傲。基督说有人会传他的名，以他的名义赶鬼，但是末日来临时他会告诉这些人，他从来不认得他们。我认为，基督这么说的时候，心里想的应该就是这些骄傲的人。而我们中的任何一个人，任何时候都有可能陷入这一死亡陷阱。所幸我们可以自我测试。无论什么时候，如果我们发现宗教生活让我们自我感觉良好——最主要是有优于别人的感觉——我想，可以肯定的是，主宰我们的是魔鬼，而不是上帝。与上帝同在的真正测试是，要么你完全忘记自己，要么你眼中的自己是渺小、污秽的。最好还是完全忘记自己。

众恶之首可以偷偷进入我们宗教生活的中心，这是件可怕的事。但是，你可以想明白为什么会这样。其他不那么糟糕的恶，是源于魔鬼对我们的动物本性做了手脚。而骄傲完全不是来自我们的动物本性，它直接来自地狱。它是纯精神性的，也因此远比其他恶更微妙、更致命。出于同样的原因，骄傲常常可以用来打压更简单的恶。事实上，老师常会利用孩子的骄傲或者（用他们的话来说）自尊，让孩子听话。很多人克服胆怯、淫欲或坏脾气，是因为他们认为这些东西配不上他们的尊严——骄傲。魔鬼笑了。魔鬼很乐意看到你变得贞洁、勇敢、自律，只要他始终能置你于骄傲的专制统治之下——就好像他乐意看到你的冻疮被治愈，只要他能让你得癌症。骄傲就是灵魂的癌症：在骄傲的啃噬下，爱、满足甚或理智，都会被摧毁。

在结束这个主题之前，我必须提醒大家警惕几种可能会出现的误解：

（1）因被赞扬而高兴不是骄傲。一个孩子功课做得好被拍肩鼓励，一个女人被爱人称赞美丽，一个得救的灵魂听到基督说"干得不错"，这些人全都满心欢喜，也理应如此。因为，这样的快乐并非基于你是什么，而是基于你让别人快乐这一事实，而你也想（合情合理）让这个人快乐。你心里想的是，"我让他开心，这很好"，但如果你接下来又想，"我能做到这样，我可真厉害"，那麻烦就来了。你越是以自己为乐，就越不会以赞扬为乐，你的情况也就越糟糕。当你完全以自己为乐，完全不在乎赞扬，你也就糟糕透顶了。这就是为什么，尽管虚荣是表面上最明显的一种骄傲，但它也是最不严重、最可原谅的一种骄傲。虚荣的人太想要赞美、掌声、崇拜，于是总在想方设法要得到这些东西。这是个缺陷，但也是一个孩子气的，甚至（很奇怪）是谦虚的缺陷。这表明你还没有完全满足于自我崇拜。你还看重别人，所以想让他们注视你。事实上，你仍然是个人。真正黑暗的、魔鬼般的骄傲是在你如此鄙视他人，以至于不在乎他们怎么看你的时候。当然，我基于正当的理由不在乎别人怎么看我们，这是对的，往往也是我们的责任；换言之，因为我们最为在乎的是上帝怎么看我们。但骄傲者不在乎别人怎么看，却是出于不同的原因。他说："我为什么要在乎那群乌合之众的掌声，难道他们的想法不是一文不值吗？而且即便他们的想法有价值，我是那种听了好话就脸红的人吗，像个第一次跳舞的小妮子那样？不，我是个人格完整的成年人。我所做的一切都是为了追随我自己的理想，我作为艺术家的良知，我的家庭传统，或者总之一句话，因为我'就是那样的人'。这些乌合之众若喜欢，随他们去吧。他们在我眼里什么都不是。"如此这般，真正彻底的骄傲也可能会遏制虚荣。因为，正如我刚才所说，魔鬼喜欢"治愈"你的某个小缺陷，再给你一个更大的。我们必须努力克服虚荣，但是我们永远不能靠骄傲来治愈我们的虚荣。

(2) 我们在英语里说一个人以他的儿子、父亲、母校或部队为"骄傲"，也许可以问的是，这里的"骄傲"是否是罪。我觉得这取决于我们说以什么为骄傲到底是什么意思。在这样的句子中，这个短语往往意味着"对什么感到由衷的赞赏"。这样的赞赏当然与罪相去甚远。但是这个短语也可能是指，此人因为他优秀的老爸，或因为他属于某个著名的部队而耀武扬威。这显然是错的，但即便如此，也强过只以自己为傲。热爱或赞赏任何自己以外的东西，都是朝着彻底的精神毁灭的相反方向迈出了一步，尽管我们若热爱或赞赏任何东西超过上帝就不好了。

（3）我们不可以认为上帝禁止骄傲是因为他感到被冒犯，或者他要求谦卑是出于他的自尊——就好像上帝是骄傲的一样。上帝根本不担心自己的尊严。关键是，上帝想让你认识他，想把他自己给你。你和上帝的不同本质决定了，如果你真与他有了某种接触，你就会变得谦卑——愉快的谦卑，终因摆脱了那些有关你自尊的愚蠢念头而如释重负，正是那些东西让你从未感受过真正的安宁和幸福。上帝想让你变得谦卑，目的就是为了这一刻：试着脱掉我们那一层层愚蠢丑陋的花哨衣裳，我们给自己套上这些东西，然后像个小白痴一样顾影自怜地走来走去。但愿我自己能更谦卑一点，如果我能更谦卑一点，那么我就能告诉你更多关于脱掉这些花哨衣裳所带来的轻松和安慰——摆脱虚假的自己，以及伴随它的所有那些"看看我""我难道不是个乖孩子吗？"和所有的故作姿态。哪怕只是靠近谦卑，哪怕只是刹那一刻，都像是沙漠中的人饮下冰水。

（4）不要以为如果你遇到一个真正的谦卑之人，他会是如今大多数人口中的谦卑模样。他不会是那种谄媚、满口奉承话的人，总是跟你说他自己什么都不是。也许你对一个真正谦卑之人的全部印象就是：他看上去是个开朗、聪明的家伙，对你跟他说的话充满兴趣。如果你真的不喜欢他，也是因为你有点儿嫉妒那些似乎轻易就能享受生活的人。真正谦卑的人不会想着谦卑，他根本不会想着他自己。

如果任何人想获得谦卑，我想我可以告诉他第一步怎么走。第一步是意识到自己是骄傲的。这也是很大的一步。至少在迈出这一步之前，你什么都做不了。如果你觉得自己一点也不自负，这恰恰意味着你相当自负。

爱

我在之前某节说过，有四大"基本美德"和三大"神学美德"。三大神学美德即信、望、爱。最后两节会讨论信。第七节已经部分讨论了爱，但是主要围绕其中被称为宽恕的那部分。现在，我要再略作补充。

首先，我们来看一下词意。"爱"（charity）如今的意思就是以前所谓的"施舍"——扶贫济困。它最初的意思比这广泛多了。（它如何演变出这个现代含义，也不难理解。如果一个人有"爱"，救济穷人就是最容易被看到的表现，所以人们就把它看作仿佛是爱的全部表现了。同理，"押韵"是诗歌最明显的特征，于是"诗歌"在许多人那里除了押韵似乎就再没有别的了。）Charity 在这里的意思是指"基督教意义上的爱"。但是，基督教意义上的爱并不表示一种情感。它是一种意志状态而非情感的一种表现状态，这种意志状态是我们对自己所怀有的那种自然的意愿，而我们必须学会对别人有同样的意愿。

我在讲宽恕的那节里指出，我们对自己的爱并不意味着我们喜欢自己，而是意味着我们希望自己好。同样，对邻居的"基督教之爱"（love 或 charity）也完全不同于喜欢（liking）或喜爱（affection）。我们"喜欢"或"钟意"某些人，不喜欢另外一些人。要知道，这种自然的"喜欢"既不是罪也不是美德，这一点很重要，就像你对食物的好恶谈不上是罪或美德一样，那只是一个事实。但是，当然了，这种好恶让我们做出的行为，就有罪行或德行之分了。

我们自然地喜欢或喜爱某人，这使我们更容易对这些人表现出"爱"。也因此，我们一般有责任培养自己的情感——尽我们所能去"喜欢"别人（正如我们通常有责任鼓励自己去喜欢运动或健康食物）——不是因为这种喜欢本身是爱的美德，而是因为它有助于这一美德。另一方面，我们对某个人的喜欢可能使我们对另一个人不好，甚至不公平，对此也有必要保持高度警惕。甚至会有这样的情况发生：我们对某个人的喜欢与我们对他的爱互相冲突。比如，一个溺爱的母亲出于自然的喜爱会倾向于"宠坏"她的孩子。也就是说，为了满足她自己情感的冲动，不惜牺牲孩子以后真正的幸福。

尽管自然的喜欢一般应当被鼓励，但如果觉得人为制造喜爱的感觉就能变得心中有爱，那就大错特错了。有些人天生"冷漠"，那对他们来说可能很不幸，但这就跟消化不良一样，不是罪。而且这既不会剥夺他们学习爱的机会，也不会免除他们学习爱的责任。对我们所有人来说，爱的法则十分简单。不要浪费时间纠结你爱不爱你的邻居，行动起来，就好像你真的爱他一样。我们一旦这样去做，就会发现一个伟大的秘密：当你表现得好像爱某人，你很快就真的会爱他了。如果你伤害自己不喜欢的那个人，你会发现你对他的不喜欢也随之加深了；如果你善待他一次，你会发现你的不喜欢也少了几分。确实也有一种例外。你对他好，不是为了取悦上帝以及遵循爱的法则，而是为了向那个人显示你是个多么宽宏大量的人，让他欠你的情，然后你就坐下来等着他来"感恩戴德"，如果是这样，你多半会失望。（谁都不傻，对于炫耀或施恩这类东西，大家都看得一清二楚。）但是每当我们对另一个人好，只因那人也是一个自我，也是上帝所造（和我们一样），他渴望自己的幸福，如同我们渴望自己的幸福，我们就已经学会对那人多一分喜欢，或者至少也是少一分讨厌吧。

因此，尽管在那些多愁善感的人看来基督教之爱颇有些冷冰冰，也尽管它与情感截然不同，它却可以引领情感的生发。基督徒和世俗之人的区别不在于世俗之人只有情感或"喜欢"，而基督徒只有"爱"。世俗之人对某些人好，因为他"喜欢"他们；而基督徒努力对每个人好，并随着这样的努力发现自己喜欢越来越多的人——包括那些他一开始根本无法想象能喜欢的人。

同样是这条精神法则，其反过来的作用则十分可怕。德国人一开始虐待犹太人，可能是因为他们恨犹太人；后来，因为他们虐待犹太人，也就越发恨犹太人。人越是残忍，也就越心生仇恨；而越是仇恨，也就变得越发残忍——如此这般，陷入永远的恶性循环。

善与恶都按复利增长。这就是为什么，你我每天所做的那些小小决定如此重要无比。今日最小的一个善行也是占据了一个战略要地，几个月之后，你就可能从这里出发，走向梦想不到的各种成功。今日一次貌似微不足道的放纵、纵欲或发怒，就是失去一道山岭、一条铁路、一座桥头堡，敌人因此得以发动一场本来绝无可能的进攻。

有些作家不仅用爱这个词来描述人与人之间的基督教之爱，还用它描述上帝对人的爱，以及人对上帝的爱。后者常让人们忧心忡忡。人们被告知应该爱上帝，但他们在自己身上找不到这样的感觉。该怎么办？答案跟前面一样：行动起来，就好像你爱着上帝。不要干坐着刻意制造情感。请自问，"如果我确定自己爱上帝，我会怎么做？"找到答案之后，就付诸行动。

总体来说，上帝对我们的爱要比我们对上帝的爱可靠得多。没人能始终保持虔诚的感觉，即便我们可以，上帝主要在乎的也不是感觉。基督教之爱，无论对上帝还是对人，都关乎意志。如果我们努力去行上帝的意志，我们就是在遵守以下这条诫命："你要爱耶和华你的上帝。"[22] 上帝如果愿意，自然会赐予我们爱的感觉。我们不能自己造出爱的感觉，我们也不可以把这当作一项权利来要求。但是，需要记住的重要一点就是，尽管我们的感觉来来去去，但上帝对我们的爱恒久不变。这份爱不因我们的罪或冷漠而倦怠，也因此，这份爱不顾一切地决意要治愈我们的罪，无论我们将为此付出怎样的代价，也无论上帝会付出怎样的代价。

望

望是神学美德之一。这意味着，持续盼望一个永恒

---

22. 参见《旧约·申命记》11：1："你要爱耶和华你的上帝，常守他的吩咐、律例、典章、诫命。"

的世界并不是逃避主义的一种形式（如一些现代人所认为的），或一厢情愿的幻想，而是基督徒的本分之一。这并不意味着，我们可以对当下世界听之任之。如果你读历史，你会发现对当下世界贡献最多的基督徒思考将来的世界也最多。肩负起让罗马帝国皈依之使命的十二门徒，建立起整个中世纪的伟人们，废除奴隶贸易的英国福音派信徒们[23]，都在尘世间留下了他们的印记，恰恰是因为他们一心一意专注于天堂。正是由于基督徒们不再关注另一个世界，他们在这个世界才失去影响力。把目光投向天堂，你也能"顺带赢了"尘世；盯着尘世，只能两头落空。这看起来是个奇怪的法则，但是在其他事情上也能看到类似的情况。健康是极大的恩典，但是一旦你把健康当成自己主要的直接目标，你马上就会变成一个怪人，你开始想象自己哪里出了问题。只有当你更想要别的东西——食物、游戏、工作、娱乐、外面的空气——你才有可能获得健康。同样，如果文明是我们的主要目标，我们永远也不可能拯救文明。我们必须学习更想要其他什么东西。

我们大多数人都觉得很难向往"天堂"——除了当

---

23. 以社会改革家威廉·威伯福斯（William Wilberforce, 1759—1833）为代表的英国福音派信徒经过不懈努力，最终废除了大英帝国的奴隶贸易，也直接促成了全面废除奴隶制。

"天堂"意味着再次与我们去世的朋友们相聚。这一困难背后的原因之一在于，我们从未接受过相应的训练，我们整个教育体系倾向于让我们只关注当下这个世界。另一个原因是，对天堂的真实渴望虽然就在我们心中，我们却辨认不出。大多数人，如果他们真的学会探察自己的内心，会知道自己确实渴求某种无法在这个世界获得的东西，而且是在强烈地渴求。这个世界也有各种各样的东西自称可以满足这种渴求，但是永远都只是镜花水月。当我们第一次恋爱，第一次想起某个异域国度，或第一次着手某件令我们激动的事，心中总会升起渴望，而这些渴望不是任何婚姻、旅行、学问能够真正满足的。我现在所说的不是一般所谓失败的婚姻、假期、学术生涯。我说的是有可能实现的最好的婚姻、假期、学术生涯。在渴望升起的最初瞬间，我们捕捉到了什么东西，但是这个东西在现实中却又消失得无影无踪。我想每个人都能理解我的意思。妻子可能是个好妻子，酒店和景色也许都是最棒的，化学也可能是个非常有趣的工作——但是总好像错过了什么。那么，面对这一现实，有两种错误的应对方式，以及一种正确的应对方式。

（1）傻瓜的方式——他怪罪事物本身。他一辈子都在想，要是找了另一个女人，来一次更昂贵的旅行，或者不管是什么吧，他就真的可以抓住所有人都在追求的那个神秘之物。这世上大多数无聊又不满足的富人都属于这一类型。他们一辈子从一个女人到另一个女人（一次次穿过离婚法庭），从一个大陆到另一个大陆，从一个嗜好到另一个嗜好，总是想着最新的这一个终于就是"真正的那一个"了，然后又总是再次失望。

（2）醒悟的"聪明人"的方式——他很快就认定一切都是幻影。"当然了，"他说道，"年轻时候都是那样的感觉。但是等你到了我的岁数，你就不会再追求那些可望不可即的东西。"于是乎，他安定下来，学会不再期待太多，压抑过去总是（用他自己的话来说）"想入非非"的那部分自我。当然，这比起第一种来要好得多，使人更快乐，也更少给社会添麻烦。这很可能让人变得自以为是（他容易自认为比他所谓的"青春少年"更高明），但他整体上还是会与人相安无事。如果人没有永生，这就是最佳路线了。但是假如永远的幸福真的就在那里，在等待着我们呢？假如人真的可以得到原以为"可望不可即"的东西呢？那样的话，因为自以为的"常识"而扼杀了我们自身享受这种幸福的能力，而且等到发现时为时已晚，那就只有遗憾了。

（3）基督徒的方式——基督徒说："受造物生而有之的欲望皆能找到对应的满足。婴儿饿了，有这样一种东西叫作食物。小鸭想游泳，有这样一种东西叫作水。人感到性欲，有这样一种东西叫作性。如果我在自己身上找到一种欲望，而这个世界里的任何经验都无法满足这一欲望，最有可能的解释就是，我是为另一个世界而造的。如果我在这世界的快乐没有一种能满足这个欲望，这并不证明宇宙就是一场骗局。可能这世界的快乐本来就不是用来满足这个欲望，而只是为了唤起它，为了暗示那个真实的满足。如果是这样，那么我必须小心，一方面永远不要对这世界的福分或鄙夷或不知感恩，另一方面也不要误以为它们就是那个真正的东西，这世界的一切美好不过像是它的一种复制品、回响，抑或倒影。我必须让自身对那个真正国度（只有在死后，我才能找到的那个国度）的渴望保持鲜活。我绝不能让它雪覆冰封，也不能将它束之高阁。我必须把努力向那个国度前行作为此生的目标，也要帮助别人做同样的努力。"

　　有些轻浮的人为了使基督教对"天堂"的期盼显得荒谬，就说什么他们不想"长生不死，然后天天拨拉竖琴"。我们不必因为这样的人烦恼。对这些人的回答就是，如果他们看不懂写给成年人的书，他们就不应该讨论这些书。所有圣经中的意象（竖琴、皇冠、金子等等），当然都只是一种象征手法，为了表述难以言表的东西。有乐器是因为对很多人（不是所有人）来说，音乐是当下生命中最强烈指向狂喜和无限的可识之物。有皇冠是为了暗示，那些在永恒里与上帝联合的人都能分享上帝的荣耀、权能和喜悦。有金子是暗示天堂的无限（金子不生锈）以及宝贵。把这些象征按字面意思理解的人，还不如说当基督教导我们要像鸽子一样时[24]，他的意思是我们都得会下蛋。

信（一）

在这一节里，我必须谈谈基督徒们称之为"信"（faith）的东西。粗略来讲，基督徒使用"信"这个字似乎有两种含义或两个层面，我会依次来讲。第一层含义就是指相信——接受或视基督教教义为真理。这相当简单。但是，令人困惑的是——至少过去曾令我困惑——基督徒将这一意义上的信看作一种美德。我过去常会问，这到底凭什么能算得上是一种美德呢——相信或不相信一套说辞，这有什么道德或不道德可言呢？我过去常说，一个正常人接受或拒绝任何说辞，显然不是因为他想或不想这样，而是因为在他眼里证据是否充足。

---

24. 参见《新约·马太福音》10：16："我差你们去，如同羊进入狼群；所以你们要灵巧像蛇，驯良像鸽子。"

如果他弄错了证据，这并不意味着他就是个坏人，而只说明他不是特别聪明罢了；而如果他认为证据不足，却仍试图强迫自己去相信，那简直是愚蠢。

我觉得我现在也是一样的观点。但是，有一点是我当时不明白的——很多人现在也还是没明白。我那时候曾假设，人脑一旦接受某事为真，就会自动持续以其为真，直到出现某些真实原因，不得不重新考虑这个问题。事实上，我是在假设人脑完全被理性所控制。但事实并非如此。比如，我的理性基于无懈可击的证据完全被说服：麻醉不会令我窒息，受过正规训练的外科医生会在我失去意识之后才开始手术。但是，这不会改变以下这个事实：医生们让我在手术台上躺好，把可怕的面罩蒙到我脸上时，我里面开始像小孩子一样感到惊慌。我开始想我就要窒息了，恐怕我还没被麻醉，他们就要把我割开了。换言之，我对麻醉失去了信心。让我失去信心的不是理性；相反，我的信心是基于理性。让我失去信心的是我的想象力和情感。这场战役的一方是信仰和理性，另一方是情感和想象力。

你要是想一想，还会发现很多这样的例子。某男士基于充分的证据知道，他认识的某漂亮姑娘爱撒谎，不能保守秘密，不应该被信任。但是当他见了她的面，他的大脑对那点关于她的认知失去了信念，他心里就开始想，"也许这一次她会不一样"，于是他又一次当了傻瓜，跟那姑娘说了一件本不应该告诉她的事。他的感官和情感摧毁了他对自己所了解的真相的信心。或者是一个学习游泳的男孩。他的理性很清楚，在水中即便没有支持，身体也不一定会沉下去，因为他看到过很多人浮水游泳。但问题是，当教练抽开手，让他独自留在水中，他还会继续这么相信吗？还是说他会突然不再相信，然后心里一阵惊慌，随即就沉下去了？

基督教也是一样的问题。我不是在号召任何人，即便理智告诉他没有充分证据证明基督教正确，他也得接受基督教。信不是这样得来的。不过，假设一个人的理智在某一刻确定有充分证据让他接受基督教，我倒可以告诉这个人，接下来几个星期里会发生什么事。会有坏消息、会遇到麻烦，或者跟一大群不相信基督教的人一起生活，这时他的情感就会骤然升腾，对他的信仰发起一场闪电战。要不然，某一刻他会贪恋哪个女人、想撒谎、自我感觉良好，或有机会用不太公平的方式赚点小钱。这时，如果基督教不是真的，其实他会觉得很方便。这下他的愿望和欲望会再次发起一场闪电战。我所说的不是出现任何真正反对基督教的新理由的时刻。那样的时刻必须面对，那是另一回事。我所说的只是冒出反基督教的情绪的时刻。

那么，我此处所使用的"信"一词的含义就是，坚持你的理性曾经接受的东西，不管你的情绪如何变化。因为情绪是多变的，无论你的理性持什么观点。这是我的经验之谈。我现在是基督徒，但有些情绪下我会觉得基督教不可能是真的；而我过去是个无神论者，有时心血来潮，也会觉得基督教确有可能是真的。你的情绪对你真实自我的这一反抗终究要来。这就是为什么信是如此必要的一种美德，除非你能教会你的情绪"哪儿凉快，哪儿待着"，否则你永远成不了一个像样的基督徒，也永远成不了一个像样的无神论者，你只能是一个犹豫不决的生命体，你全部的信念都取决于天气和自己的消化系统。因此，我们必须训练信的习惯。

第一步是认识到你的情绪会变化这一事实。下一步是要明确，如果你已经接受了基督教，那么就应该每天找时间刻意让大脑去思想一下基督教的一些主要教义。这就是为什么每天祷告、读经，以及去教会，都是基督徒生活的必要组成部分。我们必须被不断提醒，才能想起我们自己所相信的东西。无论是这一信仰还是别的什么信仰，都不会在大脑中自动保持鲜活。大脑需要给养。事实上，如果你调查一百个失去基督教信仰的人，有几个是被实打实的理由说服不信的？大多数人难道不都是慢慢失去信仰的吗？

现在，我必须转向信的第二层、也是更高级的含义，这也是到目前为止我遇见的最难的话题。我想先回到谦卑的主题。你们可能还记得我说过，通向谦卑的第一步是意识到自己是骄傲的。我现在要补充接下来的一步：认真去实践基督教美德。一个星期不够。第一个星期往往诸事顺遂。试试六个星期。到那时，看到自己已经落回到开始的地方，甚至比开始时还不如，也就能看清一点自己的真相了。人若不竭尽全力行善，就不知道自己有多坏。眼下有一种愚蠢的观点，认为好人不知道诱惑意味着什么。这明显是个谎言。只有那些努力抗拒诱惑的人，才知道诱惑有多强大。毕竟，你弄清德国军队的实力是通过跟它打仗，而不是通过向它投降。你迎着风走而不是躺下来，才能弄明白风有多大。一个五分钟之后就向诱惑让步的人，不可能知道一个小时后会是什么样子。从某种意义上来说，这就是坏人对坏知之甚少的原因。他们总是生活在保护伞下，因为他们不停地在退让。我们永远无法知道自身的邪恶冲动有多强大，直到我们开始与它作战。而基督，正因为他是唯一从不向诱惑低头的人，他也是唯一知道诱惑的全部含义的人——唯一的完全的现实主义者。那么，好，我们从认真实践基督教美德所学到的主要教训是，我们会失败。如果有想法觉得上帝给我们出了一张考卷，我们有几分的本事就能得几分，这样的想法得全盘推翻。如果有想法觉得这是一场交易——我们可以履行合同所规定我们的义务，这样上帝就欠了我们，如此一来，就是出于公正，他也应该尽他的义务——这样的想法也得全盘推翻。

我觉得每个对上帝有些模糊信仰的人，脑子里都有过考试或交易的想法，直到他成为一个基督徒。真正的基督教信仰带来的第一个结果，就是把那样的想法击碎。有些人一旦发现那些想法支离破碎，就觉得这意味着基督教的失败，于是就放弃了。他们似乎把上帝想象得非常头脑简单。事实上，上帝当然对这一切了如指掌。基督教按其设计要做的主要事情之一，就是把那样的想法粉碎。上帝一直在等待有一刻，那时你发现不存在考试通过或者与上帝交易的问题。

接下来是另一个发现：你的每一个器官，你思考或不时移动四肢的能力，都是上帝给你的。即使你把你一生的每一刻都用来服侍上帝，你也并不能献给上帝任何某种意义上来说不属于他的东西。所以，当我们谈论某人为上帝做了什么，或者献给上帝什么，我告诉你这究竟是怎样的情形。这就像一个小孩子走到父亲身边，说："爸爸，给我六便士，我给你买一个礼物。"当然，父亲会给他钱，也很高兴收到孩子的礼物。一切都很好，很得体，但是只有白痴才会觉得，这样一来，父亲是在一场交易中赚了六便士。当一个人有了这两个发现，上帝就真能做工了。这之后，真正的人生才开始了。这个人已经醒了。我们接下来可以讨论"信"的第二层含义了。

信（二）

我想先说件事，希望每个人都能仔细听。如果这一节对你来说毫无意义，如果它看似在试图回答你从来没有想过的问题，那么就别读下去了。完全不要为此烦心。在你成为基督徒之前，基督教的有些东西就可以从外部去理解，但是还有很多东西只能在你沿着信仰之路跋涉一段路程之后才能理解。这些东西是纯实践性的，尽管它们看上去并非如此。它们指导你如何在路途中穿越十字路口，跨过路障。除非你真正身临其境，否则这些指导就不知所云。无论什么时候，你若觉得基督教作品中有什么地方完全不知所云，不要着急，别管它。会有那么一天，可能要很多年以后，你会突然明白它的意思。如果你现在能理解，只会对你不利。

当然，所有这些说法同样对我不利，就像对所有人一样。我试图在这一节中解释的东西也许我还没抵达。

也许我觉得我已经抵达，而其实并没有。我只能请资深的基督徒们仔细留心，若我错了就立即指正；也请其他人带着保留态度接受我要说的话——将之作为我奉上的一点个人想法，因为它也许会有帮助，而不是因为我确定我是对的。

我试图讨论"信"的第二层含义，更高级的含义。我之前说过，这层含义的信产生于一个人尽了最大努力实践基督教美德之后，发现自己失败了，且意识到即便他能成功，也只是将本就属于上帝的东西献给上帝。换言之，他发现自己一无所有。如此一来，我们现在会再次看到，上帝在乎的仍然不是我们的行为。他在乎的是我们应该成为某种类型或特质的受造物——他原本要我们成为的那种受造物——以某种方式与他相连结的受造物。我没有加上"以某种方式彼此连结"，因为这已包含其中：如果你跟上帝的关系对了，你与其他人的关系不可能不对，正如一只轮子的所有轮辐都与轮轴和轮缘相连，则不同轮辐之间的位置必然是正合适的。只要人还把上帝想象成是一个让他做某份试卷的主考官，或者是交易中的另一方——只要他还想着上帝和他之间两方面的要求——那么他就还没有与上帝建立正确的关系。他对自己的所是和上帝的所是有误解。而除非他发现我们一无所有这个事实，否则他就不可能进入正确的关系。

我说"发现"，是指真正发现，不是指鹦鹉学舌式地说说罢了。如果接受某种宗教教育，任何孩子当然都能很快学会说：我们献给上帝的一切本来就都属于上帝，我们甚至做不到把本来属于上帝的全部献给他，总要给自己留一点什么。但我要说的是真正发现这一点：通过自己的经历发现这是真理。

那么在此意义上，除非我们尽自己最大的努力（然后失败），否则我们不可能发现自己无法遵守上帝的律法。除非我们真正努力，否则不管我们说什么，我们内心深处总会觉得，只要下一次我们更努力些就一定能成为完全的好人。因此，在某种意义上，回归上帝之路也是在道德上不断努力之路。但是，从另一种意义上来说，能领我们回家的并非努力本身。所有这一切的努力导向一个重要时刻，在这一刻你转向上帝说："必须由您来成就。我做不了。"我恳请读者诸君，千万不要这样问自己："我已经到达那一刻了吗？"也不要坐下来开始省思自己，看看自己有没有跟上。这会让人走上歧途。当我们生命中最重要的事情发生时，我们往往并不知道那一刻到底意味着什么。人不会一直跟自己说："嗨！我正在成长。"常常是当他回头看时，他才意识到发生了什么，并看清楚那就是人们所谓的"成长"。你甚至可以在简单的事情上看到同样的情形。当一个人紧张地留意自己是否能入睡时，他一般更可能很长时间睡不着。我现在所说的这件事可能不会突然发生在每个人身上——就像圣保罗[25]或班扬[26]经历的那样，而是可能非常缓慢渐进的，以至于没有人能指出是哪个时刻，甚至哪一年。重要的是改变的本质，而不是改变发生时我们有什么感觉。这种改变，是从对自己的努力充满信心，变为不再觉得自己能做任何事，而只能将一切交托给上帝。

我知道"交托给上帝"这句话可能被误解，但是目前只能这样说。基督徒把一切交托给上帝的意思是，他把所有的信任放在基督身上：相信基督会通过某种方式与他分享人能做到的最完美的顺服，这种顺服也是耶稣本人从出生到上十字架一路所实践的；相信基督会使人越来越像上帝自己，并在某种意义上把他的弱点变为优点。用基督徒的语言来说，基督会与我们分享他的"儿

---

25. 圣保罗在未归信耶稣基督前曾去大马士革追捕耶稣的信徒，却突然被空中一道强光击中而失明，并听到一个声音问他，"你为什么逼迫我？"保罗问："你是谁？"声音答："我是耶稣……"保罗遂成为虔诚的基督徒，重见光明后全心传道。

26. 班扬在自传中描述过自己年轻时与保罗类似的蒙恩经历：某星期日礼拜之后他去公园玩球，突然一个声音击中他的心："你是要离弃你的罪进天国，还是要继续犯罪下地狱？"

子的名分"，会把我们变成"上帝的儿子"，就像他自己一样。在本书第四章我将试着进一步分析这句话。也可以这样说，基督的奉献不求任何回报：他甚至是献出了一切而不求任何回报。在某种意义上，基督徒的一生就是在接受耶稣的这份奉献。但是困难之处在于抵达这样一刻：认识到我们所做的一切以及我们能做的一切，全都一文不值。我们应该希望看到的是，上帝数算我们的优点，忽视我们的缺点。某种意义上，你可以再次这样说，没有任何诱惑可以被克服，除非我们不再试图去克服它——投降。但是，在你以正确的方式和正当的理由竭尽全力之前，你也不能"停止努力"。而且，在另一层含义上，把一切交托给基督当然也不意味着你就停止努力。相信上帝当然意味着按他所说的去行。口里说你相信某人，但是又不接受那人的建议，这让人无法理解。因此，如果你真的已经把自己完全交托给了上帝，那么你就应该正在努力顺服上帝。不过，可以试试换种新的、不那么焦虑的方式。做那些事不是为了被拯救，而是因为上帝已经开始拯救你了。不要盼望自己因做了什么就能进天堂，而是情不自禁要以某种方式去做，只因天堂的第一缕微光已经在你心里。

基督徒们常常争论，带领基督徒回家的到底是善行，还是对基督的信心。我实在无权对这样一个难题发言，但是我确实感觉这就像在问一把剪刀的两个刀刃哪个更为必要。唯有道德上认真的努力，才会将你带到承认自己一无所能的地步。唯有对基督的信心，才能在这时救你脱离绝望，而对基督的信心也必然能产生善行。过去，在不同派别的基督徒中存在两种对真理的拙劣模仿，基督徒们曾为此互相指责：也许这两种模仿倒能使真理更加显明。某一派基督徒被指责，是因为他们这样说："唯一重要的就是善行。最好的善行是慈善。最好的慈善是给钱。最好的给钱对象是教会。所以，给我们一万英镑，我们就都帮你搞定。"对于这一胡言乱语的回应当然就是，以此为动机的善行，其背后的想法是天堂可以购买，这样的善行根本不是善行，只是商业投机。另一派基督徒被指责，是因为他们这样说："唯一重要的就是信心。因此，如果你有信心，那么无论你做什么都没关系。尽管犯罪吧，我的年轻人，玩得开心，耶稣会确保，最终一切不会有任何区别。"对于这种胡说八道的回应是，如果你所谓"对耶稣的信心"就是完全不在乎他说的任何话，那么这根本不是信心——不是对他的信仰或信靠，而只是在头脑里接受有关他的某个理论。

圣经将这两方面放进同一个句子，真是一语中的，令人叹服。前半句是，"就当恐惧战兢，作成你们得救的功夫"——看起来就好像一切都决定于我们自己和我们的善行。但是下半句又继续道，"因为你们立志行事都是上帝在你们心里运行"[27]——这看起来又好像一切都是上帝做的，我们什么也没做。我们在基督教中遇到的恐怕就是这类事情。我困惑，但是我并不意外。你看，我们现在是要努力弄明白，当上帝和人一起做工的时候，究竟上帝做哪些，人做哪些，我们希望能把两者各自归档，分得一清二楚。当然，我们心里想的是，这就像两个人一起工作，你自然可以说："他做了这些，我做了那些。"但是这种想法行不通。上帝不是那样的。他既在你心里，也在你之外。即便我们能弄清谁做了什么，我还是觉得人类语言无法准确表达。不同教会都试图表达，但它们的表达也不一样。但是你会发现，即便那些最坚持善行重要的人也告诉你，你需要信心；即便那些最坚持信心重要的人也告诉你，你要行善。无论如何，我能说的就是这些了。

　　尽管基督教一开始看起来似乎全是关乎道德、责任、律法、罪恶以及美德，然而它终究会引领你走出这一切，去往更高的境界，我想如果我这样说，所有基督徒都会赞同。你会惊鸿一瞥，看到一个国度，在那国度

---

27. 参见《新约·腓立比书》2：12—13。

里的人不讨论道德这些东西，除非是开开玩笑。那国度里的所有人都充满了我们所谓的善，犹如镜子充满光亮。但是他们不称之为善。善在那里没有名字。没有人想着善。所有人都在忙着注视善的源头。但这已经接近从我们的世界过渡到那个国度的道路了。没有人的眼睛能看得比那里更远，尽管很多人都看得比我更远。

- 第4章 -
人格之上

造与生

所有人都警告我，不要讲我在这最后一章里要讲的东西。他们全都说："普通读者不想要神学，给他点直白、实在的宗教就行了。"我拒绝了他们的建议。我不觉得普通读者这么傻。神学是"关于上帝的科学"，而我觉得任何想思考上帝的人，都会愿意尽可能了解关于上帝的最清晰、最准确的观点。你们不是孩子，为什么要像对孩子一样对你们呢？

在某种意义上，我很理解为什么有些

人对神学这么反感。我记得有一次我正在对英国皇家空军演讲，一位久经沙场的老军官站起身说道："这些东西对我一点用都没有。但是，告诉你吧，我也是个有宗教信仰的人。我**知道**有一位上帝。夜晚孤身一人在沙漠中时，我曾**感受**到他：巨大的奥秘。这就是为什么我不相信你那些关于上帝的有板有眼的教条和公式套话。任何见识过真神的人，都会觉得你这些东西太不值一提，太迂腐，太假了！"

从某种意义上说，我很同意那位军官的话。我觉得他很可能在沙漠里真正经历过上帝。当他从那段经历转向基督教信条，我想他也确实是在从真实的东西转向不那么真实的东西。同样，如果一个人曾在沙滩上眺望大西洋，然后转身去看一幅大西洋的地图，他也是在从真实的东西转向不那么真实的东西：离开真正的海浪，转而面对一张彩纸。但关键是我接下来要说的。地图诚然不过就是一张彩纸，但是关于地图你必须记住两件事。首先，地图的基础是成千上万人在真正的大西洋上航行时的发现。在此意义上，地图背后的大量经历就跟你在沙滩上能获得的经历一样真实。只是，你的经历是惊鸿一瞥，而地图却把所有那些不同的经历拼到了一起。其次，如果你想去任何地方，地图绝对是必要的。如果你在沙滩上漫步就很满足，那么你自己所瞥见的要比看地图有趣得多。但是，如果你想去美国，那地图可比沙滩漫步有用多了。

而神学就像地图。如果仅仅学习思考基督教教义，到此为止，就不如我那位朋友在沙漠中的经历来得真实有趣。教义不是上帝，教义只是一种地图。但是地图是基于成千上万真正与上帝有过接触的人的经历——与他们的这些经历相比，你我独自有可能获得的任何激动或敬虔的感觉都是非常幼稚、非常零乱的。其次，如果你还想前进，你就必须使用地图。你看，那位军官在沙漠中所经历的也许很真实，也肯定激奋人心，但这能留给别人什么呢？什么也没有。这经历并不能引领人到任何地方。它也无能为力。事实上，这就是为什么一种模糊的宗教——诸如在自然中感受上帝等等之类的——如此引人入胜。全是激动，却不需要任何行动，就像在沙滩上看海浪。但是那样观察大西洋不会使你到达纽芬兰[1]，只在鲜花或音乐中感受上帝的存在也不会让你获得永生。只看地图却不扬帆远航，你哪里也去不了。扬帆远航却不带地图，你就不那么安全了。

换言之，神学是实用的，尤其在今天。从前教育落

---

1. 加拿大最东部的一个省份，在英语中纽芬兰（Newfoundland）字面意义为"新发现之地"。

后，也没多少讨论，只带着关于上帝的一些简单念头生活也是可能的。但今非昔比。每个人都读书，每个人都听见别人议论纷纷。所以，如果你不关注神学，这并不意味着你对上帝一无所知。这将意味着你对上帝有很多错误的认识——糟糕的、稀里糊涂的、过时的认识。因为今天那些被当成新鲜玩意儿抛出来的关于上帝的说法，其中很大一部分都是几个世纪前的神学家们早就尝试过并且已经拒绝的。信奉当下英国流行的宗教是一种倒退——就像相信地球是平的。

因为认真说起来，有关基督教的流行说法不就是下面这样吗：耶稣基督是个了不起的道德导师，只要我们听他的教导，我们就有可能建立更好的社会秩序，避免又一场战争。那么，听我说，这话是没错。但是这话没有告诉你基督教全部的真理，也根本没有什么实际意义。

只要听基督的话，我们应该很快就能生活在一个更幸福的世界里，这话很对。你甚至都不用等到耶稣基督。但凡我们照着柏拉图、亚里士多德或孔子的话去做，我们也应该能比现在不知强多少倍。那又怎么样呢？我们从来就没有听从过这些伟大导师们的教导。为什么我们现在就有可能听了呢？为什么我们更可能听从基督而不是其他那些人呢？因为他是最优秀的道德导师吗？但那只会让我们更加不可能追随他。如果我们连基础课都学不进去，又怎么可能学最高级的课程呢？基督教若仅仅意味着又多了点儿好建议，就一文不值。过去四千年从来没有缺少过好建议。再多来点儿不会有任何区别。

但是一旦拿起任何真正的基督教作品，你马上会发现，它们所谈论的东西跟这种流行宗教完全是两回事。他们说，基督是上帝的儿子（不管那是什么意思）。他们说，那些相信他的人也可以变成上帝的儿子（不管那是什么意思）。他们说，他的死救我们脱离我们的罪（不管那是什么意思）。

抱怨这些话难懂，这毫无益处。基督教宣称是在向我们描述另一个世界，是这个我们能碰、能听、能看的世界背后的事。你也许觉得这样的宣称是假的，但是如果它是真的，那么它要告诉我们的东西肯定也是难懂的——至少跟现代物理学一样难，而且也是基于同样的原因。

基督教最令人震惊之处在于，它声称将我们自己与基督相连结，我们就可以"成为上帝的儿子"。你会问："我们难道不已经是上帝的儿子了吗？上帝的父亲身份难道不是基督教的主要观点之一？"在某种意义上，毫无疑问，我们已经是上帝的儿子。我的意思是，上帝让我们存在，爱我们，看顾我们，因此他就像一位父亲。但是，圣经谈论我们"成为"上帝的儿子，显然肯定有不一样的意思。这就把我们带到了神学的中心。

信经[2]中有一条说，基督是上帝的儿子，"受生，而非被造"，又说他是"在万世之前为父所生"。有人会说，那么倒要请你讲讲清楚，这跟耶稣基督在这世上降生，又为童贞女所生，是不是没什么关系？但我们现在不是在思考童贞女生子的问题。我们是在思考创世之前发生的事，在时间开始之前发生的事。基督是在"万世之前"为圣父所生，而非被造。这是什么意思？

现代英语中不太用生（begetting）或受生（begotten），但所有人都还是知道这两个词的意思。生就是成为父亲，而造是动手做东西。区别在这里。如果是生，你生下的就是自己的同类。一个人生下小婴儿，一只海狸生下小海狸，一只鸟生下蛋再孵成鸟。但如果是造（make），你造的东西就不是你自己的同类了。鸟会搭鸟巢，海狸会建海狸坝，人会做无线电收音机——或者他也可以造个比无线电收音机更像自己一点的东西，比如一座雕像。如果他是个本事够大的雕刻师，他就能造

---

2. 基督教（天主教、东正教、新教）权威性的基本信仰纲要，各派间流行最广的《使徒信经》《尼西亚信经》《阿塔那修信经》并称为三大普世信经。这里引用的是《尼西亚信经》。

一座非常逼真的人物雕像。但是，那雕像当然不是一个真人，它只是看起来像个真人。它不会呼吸，不会思考。它没有生命。

这就是现在需要搞清楚的第一件事情。上帝所生的是上帝，正如人所生的是人。上帝所造的不是上帝，正如人所造的不是人。这就是为什么人不是基督那样身份意义上的上帝的儿子。人也许在某些方面像上帝，但他们和上帝不是同类。他们更像是上帝的雕像或者照片。

一座雕像有人的外形，但没有生命。同理，人拥有（我会解释是在何种意义上拥有）上帝的"形状"或"样式"，但是人没有上帝所拥有的生命。我们先看第一点（人与上帝的相似）。上帝所造的所有东西，都与他自己有某种相似之处。空间像上帝一样巨大：不是说空间之大与上帝之大是同一类型，而是说前者是后者的某种象征，是将后者用非灵性的语言翻译出来。物质像上帝一样有能量：当然，物理能量跟上帝的权能也不属一类。植物的世界像上帝：因为它有生命，而上帝是"活的上帝"。但是，生物意义上的生命不是上帝所具有的生命：前者是后者的象征或影子。再看动物，我们会发现除了生物生命之外，还有别种类型的相似。比如，昆虫密集的活动和繁殖力隐约相似于上帝永不停息的活动和创造力。在更高级的哺乳动物那里，我们看到本能情感的发端。那与上帝体内存在的爱不是同一种东西，但却有相似之处——正如画在一张纸上的画无论如何也可以"像"一片风景。再看人，最高级的动物，就可以看到我们所知道的与上帝最完整的相似。（也许在其他世界里还存在比人更像上帝的受造物，但我们对此一无所知。）人不仅活着，人还会爱，还有理性：生物生命在人那里达到了最高等级。

但是，人在他的自然状态中所不具有的，是灵性生命——那是上帝自身存在的更高级的不同类别的生命。两者同样用**生命**一词来指称，但是如果你认为两者因此必然是同一类，这就像是认为空间之"大"与上帝之"大"是同一类。在现实中，生物生命与灵性生命的区别如此重要，因此我要给它们两个不同的名字。我们经由自然获得生物生命，它总是逐渐趋向衰弱、腐朽，只有通过自然以空气、水、食物等形式的补给来维持，这种生命是 Bios[3]。灵性生命是在上帝里面，与上帝永远共存，并创造了整个自然的宇宙，这种生命是 Zoe[4]。Bios 当然与 Zoe 相似，仿佛是后者的影子或象征，但只

---

3. Bios 在希腊文里是"生命"的意思，具体是指"有特性的生命体"，多用于动物，进入英语后成为一个构词成分"bio-"，组成很多表示生命、生物、生物学的词。
4. Zoe 在希腊文里也是"生命"的意思，但指抽象意义上永恒的灵性生命。

是照片与实物，或雕像与真人之间的相似。一个人从拥有 Bios 变成拥有 Zoe，这一变化之巨就如同一具雕像从一块被雕刻的石头变成了一个真人。

而这就是基督教真正的内容。这个世界是一位伟大的雕塑家的作坊。我们是一群雕像，作坊里有这样的传言：有一天，我们中有些雕塑会获得生命。

三位一体的上帝

上一节是关于生与造的区别。孩子是人生出来的，但雕像只是人造出来的。耶稣乃上帝所生，而人只是上帝所造。不过，我这样说只是解释了上帝的某一个特性，亦即由父上帝所生的也是上帝，与他自己同类。在此意义上，就像一个人类父亲生下一个人类儿子。但也不完全是这样。所以我必须再解释一下。

如今很多人这样说："我相信有一个上帝，但不相信一个和人一样的上帝。"他们感觉一切事物背后的那个神秘存在不可能只是一个人。这一点基督徒也都同意。但是，一种超越人的存在有可能是什么样的，对此提出明确想法的只有一个人群，即基督徒。所有其他人，尽管他们说上帝在人之上，其实还是把上帝想象为非人格，即低于人格的东西。如果你在寻找某种超人格或高于人的存在，那么这就不是在基督教观点或其他观点之间做选择的问题。基督教观点是唯一的可选对象。

还有一些人觉得，在这一生之后，或者是几次人生之后，人的灵魂会被上帝"吸收"。但是当他们试图解释这是什么意思时，听上去他们似乎是说我们被上帝吸收，就像一种物质被另一种物质吸收。他们说，这就像一滴水落入大海，当然也就是那滴水的完结。如果我们最终也像那滴水，那么被吸收就等于不再存在。而只有基督徒认为，人类灵魂可以进入上帝的生命，但同时仍然保持灵魂自身的独立性——其实是成为比他们活着时更完整的自我。

我跟你们说过，神学是很实用的。我们存在的全部目的是为了融入上帝的生命。那是一种什么样的生命，对此如果没有正确的理解，实践起来就会愈加困难。眼下请大家花几分钟时间听我说，而且务必专心一些。

你们知道在空间里有三种移动方式——向左或向右，向前或向后，向上或向下。每个方向都是三者之一，或者三者之间的妥协，这被称为"三维"。那么请注意了，如果你只使用一个维度，你只能画一条直线。如果使用两个维度，你可以画一个图形，比如方形。一个方形由四条直线组成。那么再往前一步。如果你使用三维，你就可以构建一个我们所谓的实体（solid body）：比如一个立方体——一个骰子或者方糖那样的东西。而一个立方体由六个正方形组成。

你明白我的意思了吗？一维世界是一条直线。二维世界里还是只有直线，但是很多线条可以组成一个图形。在三维世界里，也有图形，但是很多图形会构成一个实体。换言之，当你向更真实、更复杂的层级前进，你不会丢下你在更简单的层级中发现的东西，它们还在，只是以新的方式组合——如果你只了解更简单的层级，你无法想象这些新方式。

基督教关于上帝的说法，包含的也是同样的原则。人的层级是个简单的、空荡荡的层级。在人这一层，一个人就是一个生命体，任意两个人就是两个独立的生命体——正如在二维世界（一张白纸上）一个正方形是一个图形，两个正方形就是两个独立的图形。在上帝的层级，还是可以找到不同个体，但是在那里你会发现不同个体以新的方式连结在一起，而我们不住在那个层级，也就无法想象那是什么样的连结方式。这样说吧，在上帝的层级，你会发现一个存在，他是三个位格但同时也是一个本体，正如一个正方体有六面，但它还是一个正方体。当然，我们无法完全想象那样一个存在，正如如果我们天然就只能理解二维空间，我们也就永远无法正确想象一个正方体。但是我们对它可以有某种模模糊糊的认识。当我们获得这样的认识时，我们也就第一次在我们生命中获得了某种关于超人格——不再仅仅是人格——的积极观念（无论多么模糊）。那是我们永远猜想不到的，然而一旦有人告诉我们，我们几乎就会觉得自己本应该猜到的，因为这跟我们已经知道的一切都是那么契合。

你也许要问："如果我们无法想象一个三位一体的存在，那么讨论他又有什么益处呢？"好吧，讨论他没有什么益处。重要的是真正进入那个三位一体的生命里面，而这随时都可以开始——如果你愿意，就在今晚。

我的意思如下所述。一个普通而单纯的基督徒跪下来祷告，他是在试图与上帝建立联系。但是如果他是基督徒，他知道促使他祷告的正是上帝：这样说吧，是在他里面的上帝。但是他也知道，他所有关于上帝的真实了解都是经由基督——那位道成肉身的上帝——获得的。他知道基督站在他的身边，帮他祷告，为他祷告。你现在明白祷告是怎么回事了吧。上帝是他祷告的对象——他努力要抵达的目标。上帝是他里面推动他祷告的力量——动力。他被推向那目标时，上帝也是他所通过的桥梁或沿着的道路。所以，其实那位三位一体上帝三重性的生命就在一间普通的小卧室里进行着，一个普通人正在那里做着他的祷告。这个人正进入某种更高级的生命形式——我称之为 Zoe 或灵性生命，他正被拉进上帝里面，拉他的正是上帝，但这个人还是他本人。

神学就是这样开始的。关于上帝，人们早就有着模模糊糊的认识。然后来了一个人，声称自己是上帝，然而他又不是你能随便当成疯子的那种人。他使人们相信了他。他们在眼看他被杀死之后，又见到了他。接着，在这群人形成一个小社会或社群之后，他们发现上帝也以某种方式住在他们里面：引导他们，使他们有能力做以前做不到的事。等他们明白了这一切，就发现自己得出了基督教关于三位一体上帝的定义。

这个定义不是我们造出来的。神学在某种意义上是实验科学。简单的宗教才是人造物。我说神学"在某种意义上"是实验科学，是指它在某些方面像实验科学，不是所有方面都像。如果你是一名研究岩石的地理学家，你必须出门找到岩石。岩石不会来找你，而且如果你去找岩石，它们也不会跑走。主动权在你手里。岩石既帮不了你什么忙，也碍不了你什么事。但是假设你是位动物学家，想在野生动物出没的地方给它们拍照，这跟研究岩石就不太一样了。野生动物不会来找你，但它们可以跑走。除非你非常安静，否则它们是要跑走的。动物那一边也开始有了那么一点儿主动权。

那么再升高一级，假设你想了解一个人。如果他下定决心不让你了解他，你也就没法了解他。你必须赢得他的信任。这里主动权就是一半对一半了——友谊是双向的。

当你来了解上帝，主动权就在上帝了。如果他不显现他自己，你无论做什么也不可能找到他。事实上，上帝向某些人会比向另一些人多显现自己一点——不是因为他厚此薄彼，而是因为他不可能向一个心智品性都有问题的人显现自己。正如阳光虽然一视同仁，但一面满是灰尘的镜子和一面干干净净的镜子所反射出的阳光不可能一样清晰。

你也可以换一种说法，在其他科学中，你使用的仪器外在于你自己（比如显微镜和望远镜），而你用来观察上帝的仪器则是你全部的自我。如果一个人的自我没有保持干净明亮，那他所瞥见的上帝也将是模糊的——就像透过一个镜头污脏的望远镜所看见的月亮。

上帝只能向真正的人展示他真正的自己。那意味着他不仅向个别的好人展示，也向彼此联合成为一体的一群人展示，这群人彼此相爱，互相帮助，互相显明上帝。因为上帝所要的人类就是那样的，犹如一个乐队里的乐手，或是一个身体里的器官。

因此，了解上帝所需的真正完备的仪器，是那个共同对上帝心存盼望的基督徒群体。不妨这样说，基督徒的弟兄情谊就是这一科学所需的技术装备——实验室全套设备。这就是为什么每过几年总会出现一些自己发明出某个简化版宗教的人，企图替代基督教传统。他们真是在浪费时间。这就像一个没有先进仪器，只有一副老式双筒望远镜的人，还想着要去纠正所有真正的天文学家。这可能是个聪明的家伙——也许比某些真正的天文学家还聪明，但是他根本没有机会得逞。两年后，所有人都会忘记他，而真正的科学还在继续。

如果基督教只是人造出来的，我们当然可以把它设计得更简单些。但基督教不是人造的。论简化能力，我们没法跟发明宗教的人相比。我们怎么能够相比呢？我们面对的是事实。如果不需要考虑事实，人当然可以将宗教简化。

时间与时间之外

那种认为读书的时候不能"跳读"的说法很可笑。所有明智的人读到感觉对自己没用的章节都会跳过去。在这一节里，我要谈论的东西也许对有些读者有用，但对另一些读者而言，可能只是无谓地把事情复杂化。如果你是第二类读者，那么我建议你跳过这一节，继续往下读吧。

在前一节里，因行文需要我提到了祷告，有些人对祷告始终有一种困惑，趁着你我都还记着祷告的话题，我来谈谈这个困惑。有一个人这样对我说："我可以相信上帝，这没问题，但是一想到这个上帝要同时倾听几亿人向他祷告，我就觉得挺难接受的。"我发现很多人都有这样的感觉。

那么，需要注意的第一点在于，这个困惑的重点是**同时**两个字。如果申诉者一个接一个地来，那么不管人数有多少，我们大多数人还是可以想象上帝挨个接待他们，而他的时间是无限多的。所以，这个困惑背后真正的问题在于，上帝怎么会在同一个时间点处理那么多的事情。

我们当然会有这样的感受。我们的生命是一刻接着一刻展开的。前一刻消失，后一刻出现，每一刻的容量都很小。这就是时间的感觉。那么，你我也就想当然地认为时间序列——过去、现在、未来的排列——不仅是生命展开的方式，而且也是一切事物真正存在的方式。我们倾向于认定整个宇宙以及上帝本身也一直在由过去向着未来行进，正如我们自己一样。但是很多学者并不这么看。神学家们最早指出有些东西根本不存在于时间之中，后来哲学家们接受了这个看法，而现在科学家们也这样认为。

几乎可以肯定，上帝不存在于时间之中。上帝的生命不是由前后相继的时刻所组成。如果今晚十点半一百万人同时向上帝祷告，他不需要在那个我们称之为十点半的那一刻里听他们同时发声。十点半，以及每一个从创世之初开始的时刻，对上帝来说都是当下。只要你愿意你也可以这样说，上帝在永恒里倾听一位飞行员在飞机坠毁那一刻所做的几分之一秒的祷告。

这很难理解，我知道。让我试着举个例子，跟祷告的情形不完全一样，但是有点儿相像。假设我正在写一本小说。我这样写道："玛丽放下手中的活儿，这时传来了一阵敲门声！"对于故事中生活在虚构时间里的玛丽来说，放下手中的活儿和听见敲门声之间不存在间隔。但是，我，玛丽的创造者，并不生活在那个虚构的时间里。在写那个句子的前半句和后半句之间，我可能会坐下来三个小时，专心构思玛丽。我可以把玛丽当作这本书唯一的主角来构思，花多少时间都可以，而我花在构思上的时间根本不会出现在玛丽的时间里（故事中的时间）。

这当然不是一个完美的类比，但是它可以让你窥见我所相信的真理。上帝没有被裹挟在宇宙的时间洪流之中，正如作者没有被裹挟在他自己小说中所想象的时间里。上帝有无穷无尽的精力分给我们每一个人。他不是把我们作为一个整体来对待。你是单独与上帝在一起，就好像你是他所创造的唯一的生命。耶稣死了，是为你而死，就好像你是这个世界上唯一的人。

我打的这个比方也有个问题，在于以下这一点：作者不处于某种时间序列（小说的时间序列），但他处于另一种时间序列（真实的时间序列）。但是我相信，上帝不居于任何时间序列中。上帝的生命不像我们的生命那样一分一秒地流逝。这么说吧，在上帝那里，此刻仍是 1920 年，也已经是 1960 年。因为上帝的生命就是上帝自己。

如果你把时间看作一条直线，我们沿着直线向前旅行，那么你就必须把上帝看作那张画着这条直线的纸。我们是一步一步地到达直线上不同的点的：我们必须离开 A 才能抵达 B，也必须离开 B 才能抵达 C。而上帝从直线之上、之外或四周包围着这条直线，看得到它的全部。

这个想法值得试着去理解，因为它解决了基督教信仰中一些明显的难点。我在成为基督徒之前，有这样一个抗拒基督教的理由。基督徒说永恒的上帝无处不在，他使整个宇宙运转，有一次，他变成了人。那么我的问题是，当上帝是个婴儿或者他睡着的时候，整个宇宙是如何运行的呢？他怎么可能同时既是无所不知的上帝，又是一个人，还要问他的门徒，"是谁碰触了我？"[5] 但

---

5. 参见《新约·马可福音》5：30："耶稣顿时心里觉得有能力从自己身上出去，就在众人中间转过来，说：'谁摸我的衣裳？'"

是请注意，关键还是表达时间的那些词："当他是个婴儿**的时候**""他怎么可能同时？"换句话说，我是在假定基督作为上帝的生命处于时间之中，而他作为耶路撒冷的耶稣这个人的生命则是其中一个短暂的时间片段——就像我在部队服役的时间是我全部生命中的一小段时间。我们大多数人可能都是这样想的。我们想象上帝曾经存在过一段时间，那时他作为人的生命尚未开始；然后道成肉身成为现在时；然后他又前进至另一时期，可以回望曾经是人的那段日子。但是，很可能这些想法与事实完全不符。你不可能把基督在巴勒斯坦的尘世生活，嵌进他作为空间与时间之上的上帝的生命。我觉得，人性以及人所经历的软弱、睡眠和无知，都包含在上帝全部的神性生命之中，这是关于上帝的超越时间的真理。从我们的视角来看，上帝道成肉身时的生命是我们世界历史中的某个特殊时段（从公元元年直到耶稣上十字架）。因此，我们就想象这也是上帝自身存在的历史中的一个时段。但是，上帝没有历史。上帝完全绝对地真实，因而不可能有历史。因为，有历史意味着失去自身一部分的真实（因为真实已经滑进了过去），以及尚未拥有另一部分的真实（因为这部分真实仍在未来之中）；事实上，这就是意味着只拥有这短暂的当下，在你开口言说之前便已消失的当下。我们可别把上帝想象成那样，甚至连我们自己都希望可以不受那样的限制。

如果我们认为上帝在时间中，还会遇到另一个问题。凡是信仰上帝的人都相信，上帝知道你我明天要做什么。但是，如果他知道我将要做这个那个，我又哪里有不这样做的自由呢？那么，问题还是在于我们把上帝看作跟我们一样沿着时间轴向前进，唯一的区别只是他能看见未来而我们看不见。那么，如果真是这样，如果上帝只是预见我们的行为，那就很难理解我们怎么还能有做出不一样的行为的自由。但是假设上帝在时间之外或时间之上，如果那样的话，上帝就能看见我们所谓的"明天"，正如他能看见我们所谓的"今天"。对他而言，每一天都是"此刻"。他不是记得你昨天做过什么事情，他只是看着你做这些事情，因为尽管你失去了昨天，他却没有。上帝也不是"预见"你明天做什么事情，他只是看着你做这些事情，因为尽管明天不在你眼前，却已经在他眼前。你从来不会认为，因为上帝知道你正在做什么，你此刻的行动自由便受了限制。那么，他也是一样知道你明天的行为——因为他已经在明天，可以单单注视着你。在某种意义上，上帝只在你完成了行动之后才知道你做了什么，但是你完成的那一瞬间，对上帝来说，已然是"现在"。

这一观点对我帮助很大。如果对你没有帮助，就不用管它。这是一个"基督教观点",因为一些伟大和智慧的基督徒们一直以来都持这个观点,而且其中没有任何与基督教相冲突的地方。但是,这个观点在圣经或任何信经中都找不到。你不接受这个观点,或者完全不考虑这个问题,也一样可以做一个很好的基督徒。

良性感染

在这一节开头,我想请读者先在脑子里想象一幅清晰的画面。桌面上放着两本书,一本摞在另一本上面。显然,是下面这本书托起了上面那本书——支撑着它。因为有下面这本书,上面那本书才没有直接放在桌面上,而是与桌面有两英寸的空间距离。我们把下面的书称为 A,上面的书称为 B。是 A 的位置导致了 B 的位置。这很清楚吧?那么,我们再想象一下——当然不会真是那样,我只是拿来打个比方——让我们想象这两本书一直以来且永远都处于那样的位置。那么,B 的位置也就一直都是 A 的位置的结果。但是尽管如此,A 的位置也不可能在 B 的位置之前就存在。换言之,结果并非出现于原因之后。当然,结果往往都出现于原因之后:你先吃了那根黄瓜,然后消化不良。但是并非所有因果都是这样的先后顺序。你很快就会明白,为什么我觉得这一点这么重要。

前面几页中我说过，上帝有着三个位格，却始终是一个本体，正如一个正方体有六面，但仍是一个实体。但是，只要我开始试着解释这三个位格如何相互关联，我就不得不用一些词，而这些词听上去就好像这三位中的某一位要先于其他二位存在。第一个位格称"圣父"，第二个位格称"圣子"。我们说是第一个位格生或产生了第二个位格，我们说生，而不是造，因为上帝所生的是他自己的同类。这样一来，"父"是唯一能用的那个词。但不幸的是，这个词会暗示先有父——正如人类的父先于其子存在。但事实并非如此。这里没有先后之分。这就是为什么我觉得弄清楚以下这一点很重要：一事物并不先于另一事物存在，但仍然可以是它的源头、原因或起源。圣子因圣父的存在而存在，但圣父生圣子之前，并没有一段时间存在。

也许最好的理解方式是下面这样。我刚才请大家想象那两本书，也许你们大多数人都那样做了。也就是说，你们做了想象的行动，然后作为结果，你们大脑中有了一个画面。很显然，你想象的行动是因，大脑画面是果。但这并不意味着你先想象，然后有了画面。你开始想象的瞬间，画面就在那里了。你的意志使那个画面始终浮现在你脑中。然而，意志的运用和画面的浮现都在同一时刻开始，也在同一时刻结束。如果确实有一个始终存在的生命，并且一直在想象着某个事物，那么他这一想象的行为就能一直产生一幅大脑画面，而这画面将和想象的行为一样永恒。

我们也要用同样的方式去理解圣子如何不断从圣父中涌现，犹如光发自灯，热来自火，思想源自大脑。圣子是圣父的自我表达——圣父的言说。从来也不曾有过圣父不在言说的时候。但是，你注意到问题是在哪里吗？所有这些光或热的画面都让人感觉圣父和圣子是两个事物，而不是两个位格。所以，新约中对圣父和圣子的描绘，要比我们试图采用的所有替代词都更贴切准确。若是脱离圣经的话语，就会经常使用其他的替代语。为了说清楚某个观点而暂时脱离圣经的话语，这没有问题，但是你必须一再回到圣经上面。上帝自然比我们更清楚该怎么描述他自己。他知道第一个位格与第二个位格之间的关系最接近父子之间的关系，胜过我们能想到的任何其他关系。我们需要知道的最为重要的一点是，这是一种爱的关系。父喜悦子；子敬仰父。

在继续讲下去之前，请注意下面这一点，非常重要的一点。各种各样的人都喜欢重复基督教的一句话："上帝是爱。"但是，他们似乎没有注意到，除非上帝包含两个位格，否则"上帝是爱"这句话就毫无意义。爱是一个人对另一个人所怀有的情感。如果上帝只是一个位格，那么创世之前上帝并不是爱。当然，那些人说上帝是爱的时候，他们往往是要表达另外一种意思：他们真正想说的是"爱是上帝"。他们真正的意思是，我们心中的爱意无论在什么时候产生，以什么方式产生，又会带来怎样的结果，都应该得到极大的尊重。他们这样想可能没错，但那跟基督徒要表达的"上帝是爱"不是一回事。基督徒的意思是，爱永远在上帝里面生生不息，也是这种爱的运行创造了天地万物。

顺便说一句，这也许正是基督教与所有其他宗教最大的不同之处：在基督教里，上帝不是静止之物——甚至不是一个人——而是一种有活力的、如脉搏跳动一般的活动，是一种生命，几乎是一场戏剧。我还要说，几乎是一种舞蹈，还望读者恕我用词不当。圣父与圣子的联合是如此真实而具体，这个联合本身也是一个位格。我知道这近乎难以想象，但是可以这样来理解。你知道人类有这样的现象，当他们以家庭、社团或工会的形式聚到一起，人们会谈论那个家庭、社团或工会的"灵魂"。他们会谈论这种"灵魂"，因为聚到一起的个体成员确实会发展出特定的言谈举止的方式，仿佛形成了某种公共人格，这在他们彼此独立时则不会产生*。当然，

---

* 这种集体行为当然可能比人们的个体行为更好，但也可能更坏。

那不是一个真正的人，只是比较像一个人。但那只是上帝与我们之间的一个差别。从圣父与圣子的联合中生长出一个真正的位格，其实就是三位一体的上帝的第三个位格。

这个第三位格用神学术语来说就是圣灵，或上帝之"灵"。如果你觉得圣灵比起另外两位更模糊，更像个影子，也不要担心或吃惊。我认为这是有必然原因的。作为一个基督徒，你不会一直**看着**圣灵，圣灵始终是透过人来运行。如果你心目中的圣父"外在"于你，在你面前，而圣子是在你身旁，为你祷告，努力让你也变成上帝的儿子，那么你就得把第三位格看作是在你里面，或在你身后。也许有些人会认为先从第三位格开始，再逆向去看第一、第二位格，这样反而更容易些。上帝是爱，爱经由人运行——尤其是通过整个基督徒群体来发挥作用。但是，这一爱的灵来自永恒，就是始终运行于圣父和圣子之间的爱。

那么，这一切为何重要呢？这比世间的一切都更重要。这整个的舞蹈、戏剧、三位一体生命的模式，也都要在我们每个人身上上演。或者（反过来说），我们每个人都要进入那个模式，在那场舞蹈中担当角色。这是通向幸福的唯一道路，而我们的生命正是为获得这种幸福而造的。我们知道，好事和坏事一样，都会像病毒感染般传播。如果你想暖和，你必须靠近火源。如果你想变湿，你必须下水。如果你想要喜悦、力量、平和、永生，你必须靠近、甚至是进入这一切的拥有者。这些东西不是上帝选择之后随手发给任何人的某种奖励。它们是位于现实正中央的一座不断喷涌能量的美丽、伟大的源泉。如果你靠近它，你会被泉水湿润；如果你远离它，你仍将干渴。人一旦与上帝联合，他怎么会没有永生？人一旦与上帝分离，他又怎么能不枯萎、不消亡？

但是他该如何与上帝联合？我们怎样才可能进入三位一体的生命？

你还记得我在第二节[6]里讲过生与造的问题吧。我们不是上帝所生，我们只是由他所造：处于自然状态的我们并非上帝的儿子，而只是雕塑（可以这么说吧）。我们没有 Zoe 或灵命，我们只有 Bios 或生物生命，很快就将腐朽消亡。基督教为我们提供的就是：如果我们让上帝做主，我们就可以分享耶稣基督的生命。一旦如此，我们就是分享了被生而非被造的自有永有的生命。耶稣是上帝的儿子。如果我们分享这一生命，我们也将成为上帝的儿子。我们会像耶稣一样爱圣父，而圣灵也将在我们里面运行。他来到这个世界，成为一个人，为

6. 此处似有误，应为第一节。——编者注

着能将他所拥有的这种生命传播给其他人——就是我所说的"良性感染"。每个基督徒都要成为一个小小的基督。成为基督徒的全部目的舍此无他。

固执的玩具兵

上帝的儿子变成人，是为了让人能变成上帝的儿子。我们不知道——反正我不知道——如果人类从未反抗上帝、加入敌营，情况会怎样。也许每个人都会"在基督里"，从出生的那一刻起便分享上帝之子的生命。也许 Bios 或自然生命会一劳永逸地被 Zoe、非造的生命所吸收。但这都只是猜测。你我所关心的是现在的情况究竟怎样。

而目前的事态是这样的：这两种生命不仅眼下不一样（它们将永远不同），而且互为对立。我们每个人内在的自然生命都以自我为中心，想被宠爱，被敬仰，想占其他生命的便宜，想利用整个宇宙。它尤其想要的就是自己说了算，远离任何比自己更好、更强、更高的东西，远离任何有可能让它自惭形秽的东西。它害怕灵性世界的阳光和空气，正如从小邋遢惯了的人害怕洗澡。从某种意义上说它完全没有错。它知道，一旦受灵命所制，它所有的自我中心、自我意志都会被消灭，为了避免这样的结局，它已准备好顽抗到底。

你小时候有没有想过，如果你的玩具都能活过来该多好玩？那么，假设你真的可以让它们活过来。想象一下把一个玩具锡兵变成一个真正的小人，这需要把锡变成肉身。假设这个锡兵不喜欢变成人，他对肉身不感兴趣，他心里想的就是我的锡要被弄坏了。他觉得你是在杀死他。他会竭尽全力来阻止你。只要他还有办法，他就不会让自己变成一个人。

我不知道你会拿那个锡兵怎么办。不过，上帝对我们是这样做的。上帝的第二位格，圣子，变成了一个人：出生在这世上的一个活生生的人——有他特定的身高，特定的头发颜色，说某种特定的语言，还有特定的体重。那个永恒的存在，知道一切且创造了整个宇宙的存在，不仅变成了人，而且（在此之前）是个婴儿，在婴儿之前是一个女人身体中的胎儿。你想体会这究竟是什么感受，就想象一下自己变成鼻涕虫或螃蟹的样子吧。

于是，现在有了这样一个人，他就是所有人原本应该成为的样子：在他身上，受造的生命，从"他母亲"那里获得的生命，完整而又完美地转变成了上帝所生的生命。他体内的自然生命被神性的圣子完完全全地吸纳。于是，便有了独此一例的（不妨这么说吧）人性抵达并融入了基督的生命。又因为对我们而言，全部的难点在于自然生命在某种意义上必须被"杀死"，上帝便选择了在世上度过一生：消灭自己所有的人类欲望——贫穷、被家人误解、被亲密朋友之一背叛、被差役嘲笑虐打，以及遭受酷刑处决。接着，在被这样杀死之后——某种意义上每天都在经历死亡——他里面的那个人因为已经与神性的圣子相联合，便又复活了。这不仅仅是上帝再次站立起来，也是基督里的"人"再次站立起来。这就是全部意义所在。我们第一次看到了一个真正的人。一个锡兵——真锡，和其他的锡兵一样——完完全全、实实在在地变成了活人。

当然，我这个锡兵的比方也就到此为止。如果真是某个玩具兵或雕塑活过来，那显然对其余的玩具兵和雕塑没有任何影响。它们是相互分离的。但人类不是这样。人们看起来相互分离，那是因为你看到他们各自来来往往，似乎互不相干。但是，我们身为人，只能看到眼前的时刻。如果我们也能看到过去，当然就是不一样的情景了。因为曾经每个人都是他母亲的一部分，（更早一点）也是他父亲的一部分，也曾是他祖父母的一部分。如果你能看到人类整体的繁衍图景，就如上帝所见，那就不会是很多分离的小点了。看起来那像是一个单一的生长物——很像一棵枝繁叶茂的大树。每个个体都相互连结。不只是这样。个体间既未真正分离，个体与上帝也未真正分离。此时此刻，这世上的每一个男人、女人和孩子，他们的每一个感觉、每一次呼吸，都只是因为上帝"在让他继续"。

因此，基督变成人，并非真的就像你变成一个锡兵。基督变成人，这就像一直影响着人类整体的那个存在，于某个时刻开始以一种新的方式影响人类整体。从那一刻起，这种影响在全体人类中传播。这对基督之前的人和基督之后的人都有影响，对从未听说过基督的人也有影响。这就好比在一杯水中滴进了某种东西，给水带来新的味道或颜色。但是，当然没有哪一个比方是完美的。上帝终归是他自己，他所做的也都无可比拟。你也不可能期待另一幅不一样的画卷。

那么，他到底给人类整体带来了怎样不同的影响？是这样的：变成上帝的儿子这件事——从一个被造之物变成被生之物，从暂时的生物生命进入永恒的"灵性"生命——上帝已经替我们完成了。从原则上来说，人类已经获得"救赎"。我们个体只需将这一救赎应用在自己身上即可。真正难做的那部分功课——我们自己永远也做不了的那部分——已经有人替我们做好了。我们不需要通过自己的努力攀登进入灵性生命，灵性生命已经降临到人类当中。只要我们愿意向那个充满灵性生命的唯一的人（他是上帝，也是真正的人）完全敞开自己，他就会替我们完成功课。记住我所说的"良性感染"。我们同类中的某一位拥有这种新生命，如果我们靠近他，我们就能从他那里感染这种新生命。

当然，你可以用各种不同的方式来解释。你可以说基督为我们的罪而死，你也可以说圣父宽恕我们，因为基督为我们做了我们应该自己做的事。你可以说我们在羔羊的血中被洗净，你还可以说基督已经打败了死亡。这些全都千真万确。要是哪种解释你不喜欢，就放到一边，换一种你喜欢的。而且，不管你自己怎么样，不要因为别人的解释跟你不一样就跟他们争吵。

两点补充

为了避免误解，我要在此就前一节的内容做两点补充。

（1）一位明理善言的听众这样问我，如果上帝想要儿子，不想要"玩具兵"，他为什么不一开始就多生几个儿子，却要先造那么多玩具兵，然后又通过如此艰难和痛苦的过程把玩具兵变成活人。这个问题的答案一部分非常简单，而另一部分则可能永远无法为人类所知。简单的那部分答案是这样的：如果人类不曾于很多个世纪之前背叛上帝，那么从受造物变成儿子的过程就不会这么艰难和痛苦。人类之所以能背叛上帝，是因为上帝给了他们自由意志。上帝给人自由意志，是因为一个机器人的世界永远不会有爱，也因此不会知道什么是无限的幸福。困难的那部分答案是这样的：所有的基督徒都同意，在最原初、最完整的意义上来说，只有一个唯一的"上帝之子"。如果我们坚持问，"可是原本可以有很多上帝之子吗？"我们就会发现自己陷入了困境。"原本可以"这几个字如果用在上帝身上，还会有任何意义吗？你可以说，某个特定的有限事物"原本可以"不同于它现在的样子，因为如果某个条件发生变化，它就会变，而某个条件也会变，只要第三个条件发生变化，依此类推。（如果印刷工用了红墨水，这一页上的文字就是红色的；如果上司指示印刷工用红墨水，他就会用红墨水，依此类推。）但是，当你谈论的是上帝——也就是说，你在谈论基石本身，无法再简化的根本"事实"，所有其他事实的基础——那么问它还可能是其他什么样子就毫无意义。它就是它，到此为止。但是除此之外，圣父自永恒之中生出很多儿子，这一念头本身我觉得也有问题。既然是许多儿子，他们就必须彼此区别。两个便士的硬币有一样的形状。那它们怎么是两个呢？因为它们占据不同的空间，包含不同的原子。换言之，为了想象二者之不同，我们必须引入空间和物质的概念，事实上我已经不得不引入"自然"或被造的宇宙的概念。我不需要引入空间和物质，也可以理解圣父与圣子的区别，因为一位生，另一位受生。圣父对圣子的关系不同于圣子对圣父的关系。但是，如果有几个儿子，他们就必须彼此关联，并且以同样的方式与圣父相关联。他们如何相互区别？当然，一开始你察觉不到问题在哪里。你觉得你可以形成几个"儿子"的概念。但是，我再深入思考之后，便发现这个概念之所以似乎可能，仅仅因为我是模模糊糊地把他们想象成人的样子，一起站立在某种空间当中。换言之，尽管我假装在思考宇宙被造之前就存在的东西，我其实还是偷偷借用了宇宙的画面，把那个东西放进了宇宙之中。如果我不再借用宇宙概念，但仍然试图思考圣父于"万世之前"生很多儿子，我就发现我其实什么也思考不了。这个想法不过是化作一行字而已。（自然——空间、时间、物质——被创造是否就是为了使"很多"成为可能？除了先在一个宇宙中造出很多自然生物，然后使他们获得灵性，除此之外是否就没有别的办法获得很多永恒的灵性？可是当然了，所有这些都只是猜想。）

（2）整个人类在某种意义上是一体的——一个巨大的有机体，犹如一棵大树。这个想法并不意味着下面的说法成立：个体差异无关紧要，或者真实的人——汤姆、托比、凯特——不如阶级、种族这样的集体更重要，等等。这两种观点其实是互相对立的。同一个有机体的不同部分彼此可能千差万别，不属于同一个有机体的倒有可能很相似。六个便士各自独立，但非常相似。我的鼻子和我的肺完全不同，但它们都是我身体的一部分，分享一个共同的生命，也因此而具有生命。基督教不把人类个体看作一个群体的成员，或者一张单子上的项目，而是看作一个身体里的器官——彼此不同，又分工明确。当你发现你想把你的孩子、学生，甚至邻居都变成你自己的样子，要记住这从来不是上帝的意思。你和他们是不同的器官，有不同的职能。另一方面，当你看到别人有难却想袖手旁观，因为这"不关你的事"，你要记住尽管那个人不同于你，你们却都是同一个有机体的一部分。如果你忘了你和他同属一体，你会变成个人主义者。如果你忘了他是不同于你的器官，如果你想压制不同，让大家都一模一样，你会变成极权主义者。但是，基督徒既不能做个人主义者，也不能做极权主义者。

我真心希望能告诉你——我猜想，你也真心希望能告诉我——这两个错误哪个更严重。可这还真是魔鬼捣的鬼。魔鬼总是成双成对地把对立的错误弄到人世间来。他总是怂恿我们花大把时间考虑哪个更糟糕。你应当看清原因所在了吧？他就是要利用你更讨厌哪一种错误，这样就可以慢慢引你进入对立的那种错误。但是我们不要上当。我们必须定睛目标，在两种错误中间径直而过。我们与它们中的任何一种都无甚干系。

让我们假扮一下

这一节，我能不能再次向你描绘两幅画面，或者讲两个故事作为开始？一个是你们都读过的《美女与野兽》的故事。你还记得吧，那个女孩因为某些原因被迫嫁给一个怪兽。她真的嫁给了它。她像亲吻一个人一样亲吻了怪兽。然后，让她大为宽慰的是，怪兽真的变成了一个人，万事大吉。另一个故事是关于一个不得不戴面具的人，这面具让他看起来比他真实的模样好看得多。他出于无奈戴了很多年面具。当他终于摘下面具，却发现自己的脸已经长得像面具了。他现在真的很美。一开始是他的伪装，最终却成了现实。我觉得这两个故事都有助于解释我要在本节里讨论的内容。到目前为止，我都是努力描述事实——上帝是什么，上帝做了什么。现在，我想谈一谈实践——我们接下来做什么？这些神学到底有什么影响？其实，今晚就可以产生影响。如果对本书的兴趣已经带领你读到这里，你也许就有足够的兴趣试着做个祷告了，不管你想祷告别的什么，你也许还是得念念主祷文。

主祷文最开始的几个字就是**，我们在天上的父**。你现在明白这几个字的意思了吧？它们明明白白就是把你放在了上帝的儿子的位置上。说得再直接一点，你是把自己**装扮成基督**。你不介意的话，也可以说你就是在假装。因为你一旦意识到这几个字是什么意思，你当然也意识到你并非上帝的儿子。你不是像圣子那样的生命，圣子的意志和兴趣都与圣父完全一致，而你就是一堆自我中心的恐惧、希望、贪念、嫉妒以及自大，迟早会死亡。那么在某种意义上，扮成基督就是胆大妄为。但奇怪的是，这正是基督命令我们做的。

为什么？假装成你不是的样子有什么好？我们知道，在人的层面上有两种假装。一种是坏的，假装代替了真实。比如一个人假装要帮助你，而不是真正帮助你。但还有一种是好的，假装会引向真实。当你内心没有什么特别友好的感觉，但是知道应该保持友好，那么你能做的最好的努力往往就是端出友好的架子，表现得好像比真实的自己更和善。我们都见过这样的事，几分钟后你就会真的比之前感觉友好多了。在现实中获得某种品质的唯一方法，往往就是表现得好像你已经拥有了这种品质。这就是为什么孩子们的游戏如此重要。他们总是在假装成大人——扮士兵，扮店员。但从头到尾，他们都是在锻炼肌肉，磨炼心智，所以假扮大人是在帮助他们认真地长大。

那么，一旦你认识到"我现在是装扮成基督"，极有可能你会立即明白，通过某些方法，这种假扮在那一刻可以变得更接近真实，不再那么虚假。你会发现你心里正想着一些事，而如果你是真正的上帝的儿子，你就不可能那样想。那么，就不要继续那样想了。你也许会意识到你不该继续祷告，而是下楼写封信，或者帮你妻子洗碗。那么，就下楼去写信或洗碗吧。

你明白怎么回事了吧。基督本人——既是人（和你一样）又是上帝（和圣父一样）的圣子——其实就在你身边，在那一刻已经开始把你的假装变成现实。这不是换个花样，说你的良心在告诉你该怎么做。如果你只是问自己的良心，你会得到一个结果；如果你记得你正扮作基督，你会得到另一个不同的结果。有很多事情你的良心并不会明确认定为错（尤其如果你只是动动心思），但是如果你真的想要像基督一样，你会立即明白你不能继续这样下去。因为你不再仅仅是思考对和错，你是在努力从另一个人那里受到良性感染。这更像是画一幅肖像画，而不是遵守一堆规则。而奇怪的是，尽管画画在某些方面比遵守规则更难，但在另一些方面又简单得多。

真正的上帝之子在你身边。他正开始把你变成他自己的同类。不妨这样说，他正开始把他的生命和思想、他的 Zoe "注入"你体内，他正开始把那个锡兵变成一个活人。你的体内如果有哪一部分不喜欢这一变化，那部分仍然是锡制的。

有些人可能觉得，这非常不像他自己的经历。他可能会说，"我从没感觉到有看不见的基督在帮助我，我倒是常常获得其他人的帮助。"这就像一战时那个女人说的话，如果面包紧缺也不会影响她家，因为他们一直都吃面包片。没有面包，哪来的面包片。没有来自基督的帮助，也就不会有来自其他人的帮助。上帝在我们身上做工的方式多种多样，不仅只经由我们所以为的"宗教生活"。上帝还会借助自然、我们的身体、书本，有时候是（当时）看起来反基督教的经历。当一个定期去教会的年轻人诚实地意识到他不再相信基督教，并且不再去教会——前提是他这样做是出于诚实，而不是为了让他父母生气——这时，基督的灵可能正在前所未有地接近他。但是最重要的是，上帝通过人与人的互动，在人身上做工。

面对其他人，我们就是基督的镜子或"载体"，有时候是无意识的载体。这一"良性感染"可能存在于一些自身未被感染的人体内。非基督徒曾帮助我走向基督教。不过，一般都是认识上帝的人将上帝带给别人。这就是为什么教会如此重要，因为教会是基督徒的群体，大家在教会中向彼此彰显出基督的样子。可以这样说，当两个追随基督的基督徒在一起，基督教的力量比他们不在一起时增长了不是两倍，而是十数倍。

然而，不要忘了下面这一点。首先，婴儿不认识母亲而吃母亲的奶，这是很自然的。我们看到帮助我们的那个人，却看不到他背后的基督，这也一样自然。但是，我们不能一直做婴孩。我们得进一步去认识真正的"给予者"，否则便不合常理。因为，如果我们不去认识上帝，我们将一直依赖人。而依赖人迟早会让我们失望。最好的人也会犯错；所有的人都会死。我们必须对所有曾帮助我们的人心存感激，我们要尊敬他们，爱他们。但是，永远不要把你全部的信心放在任何人身上，哪怕他是这个世界上最好、最英明的人。你可以拿沙子做很多有意思的事，但不要试图在沙子上造房子。

因此，我们现在开始明白新约一直在说的到底是什么。它谈及基督徒"重生"；基督徒"披戴基督"[7]；基

---

7. 参见《新约·加拉太书》3：27："你们受洗归入基督的，都是披戴基督了。"

督 "成形在你们心里"[8]；我们逐渐 "以基督耶稣的心为心"[9]。

诸位切莫以为，这些只是换着花样说基督徒要读基督的话，然后身体力行——就像读柏拉图或马克思，然后付诸实践那样。这些话的意思远不止于此。这些话是在说，一个真正的人，基督，此时此地正在你做祷告的那个房间里为你做工。这里讲的不是一个死于两千年前的好人。这是一个活生生的人——仍然和你一样的人，也是与创世时无异的那位上帝——他确实来了，而且在介入你的自我，去除那个自然的老我，代之以像他一样的新我。一开始，只是几分钟的取代。之后，时间会更长。最后，如果一切顺利，就会把你永远变成另一个样子，一个新的小小的基督，让你在有限的自我范围内拥有与上帝一样的生命，分享上帝的权能、喜悦、知识以及永生。如此一来，我们很快又会获得另外两个发现。

（1）除了我们自己具体的罪行，我们也开始意识到人的罪性；我们开始不仅震惊于我们做了什么，而且震惊于我们是什么。这可能听起来有点难懂，所以我会以

---

8. 参见《新约·加拉太书》4：19："我小子啊，我为你们再受生产之苦，直等到基督成形在你们心里。"

9. 参见《新约·腓立比书》2：5："你们当以基督耶稣的心为心。"

自己为例，努力解释清楚。每到傍晚祷告时间，我努力数算一天的过犯，最明显的一个罪十之八九总是跟爱心不够有关：我脸色又阴沉了，又厉声回击了，又冷言怠慢了，又大发雷霆了。我脑中立即浮现的借口就是，挑衅来得太突然、太意外，我毫无防备，没时间让自己冷静下来。那么，就这些具体的过犯行为而言，可能是情有可原。如果是刻意为之，有过预谋，那肯定更糟糕。另一方面，人在毫无防备的情况下做出的事，必定最能证明他是怎样一种人吧？他来不及掩饰的那部分表现必定也是他真实的样子吧？如果地窖有老鼠，肯定是你突然进去的时候最有可能看见它们。但老鼠并不是因你的突然出现而产生，它们只是因为你突然出现而来不及躲藏。同样，并不是挑衅来得突然把我变成了一个坏脾气的人，它只是揭示出我是一个脾气多么坏的人。地窖里一直都有老鼠，但是如果你大喊大叫地走进去，它们就会在你开灯前躲起来。显然，我灵魂的地窖里一直住着怨恨和报复的老鼠。那么，那个地窖是我有意识的意志无法触及之地。在某种程度上，我可以控制自己的行为，而我对自己的性格却没有任何直接的控制。而且，如果（如我前文所说）我们是什么比我们做什么更重要——如果我们做什么的重要性主要在于证明我们是什么——那么，我最需要经历的改变，就是一个我自己直接、主动的努力所无法实现的改变。这同样也适用于我的好行为。这些好行为有多少是出于正确的动机？有多少是因为害怕大众舆论，或者想要炫耀自己？有多少是出于某种固执或优越感，这种固执或优越感在不同的情境下可能会导致非常坏的行为？但是，我不能通过直接的道德努力赋予我自己新的动机。作为基督徒而迈出最初的几步之后，我们意识到自己灵魂中真正需要做的每件事只能由上帝来完成。这就把我们引至到目前为止我的语言中相当有误导性的一点。

（2）一直以来我所说的内容会给人一种印象，仿佛一切都是我们自己做的。事实上，一切当然都是上帝做的。我们至多就是允许这些事情在我们身上发生。在某种意义上，你甚至可以说，连假装也是出自上帝。不妨这样说，这个三位一体的上帝看到自己面前站着的，是一个自我中心、贪婪、抱怨、叛逆的人这种动物。但是，上帝说："我们且假装这不仅仅是一个受造物，这是我的儿子。它是人，所以像基督，因为基督变成了人。我们假装它在灵性上也像基督。它不是儿子，但我们姑且把它当作儿子来对待吧。我们这样假装的目的是让假装成为现实。"上帝看你就好像你是小小的基督：基督站在你身边，要把你变成一个小基督。我敢说，上帝的这一假装之事乍听起来很奇怪。但是，真有这么奇怪吗？高级事物提携低级事物难道不总是以这样的方式吗？一个母亲教她的宝宝说话，早在宝宝能听懂之前就假装他能听懂。我们对待自己的狗好像它们"跟人差不多"，这就是为什么它们最终真的变得"跟人差不多"。

是难还是易

上一节我们在讨论基督教所说的"披戴基督"，或者说"装扮成"上帝的儿子，以便最终可以成为真正的上帝的儿子。我想要说清楚的是，这并非基督徒不得不做的众多事情之一，这也不是适合最高境界基督徒的某种特殊操练。这是基督教的全部。基督教能给的舍此无他。我下面要指出的就是，这如何区别于一般的"道德"或"善良"的概念。

我们成为基督徒之前都有以下这样的一般观念。我们以一般的自我为出发点；这一自我带着它各式各样的欲望和兴趣。然后，我们承认还有什么东西——称之为"道德""正当行为"或"社会利益"——对这个自我有要求，这些要求会干涉自我的欲望。我们所谓的"行善"就是屈从于这些要求。一般的自我想做的一些事如果被证明是所谓"错"的，那么我们就放弃不做。还有其他一些事，自我不想做，但被证明是所谓"对"的，那么我们就不得不做。但是，我们一直都希望等到满足了所有这些要求之后，那个可怜的自我还能有机会、有时间自顾自地做它自己想做的事。事实上，我们很像一个诚实人在缴税。他该缴多少税照缴，但是他确实希望还能留下足够自己生活的钱财。因为，我们仍然是以我们的自然自我为出发点。

只要我们还是这样想的，就会出现以下两种结果中的一种。要么我们放弃行善，要么我们变得非常不快乐。因为，别搞错了：如果你真想让自然的自我达到所有要求，那它就几乎一无所有了。你越是遵循自己的良知，你的良知就对你要求得越多。而你的自然的自我就处处挨饿和受阻，越来越愤愤不平。最终，你要么放弃行善的努力，要么就变成人们所说的那种"为别人而活"的人，但你始终不满足，始终怨声载道——始终嘀咕为什么别人就看不到你的付出，然后把自己活成一个牺牲者。一旦你变成那样，那对于跟你一起生活的人来说，还不如你一直自私到底。

基督教的方式不一样：更难，也更简单。基督说："全部给我。我不是要你多少时间、多少金钱、多少劳动成果，我只要你。我不是要来折磨你的自然的自我，我是要消灭它。权宜之计毫无益处。我不是要这里拗断一根树枝，那里再折断一根，我是要把整棵树推倒。我不是要钻一下牙，也不是要装假牙冠，或者不让牙再长，我是要把牙连根拔除。交出你全部的自然的自我，交出所有你认为是无辜或邪恶的欲望——全部的装备。我要给你一个新的自我。事实上，我要把我自己给你：我的意志将变成你的意志。"

比起我们自己努力向善，这更难，也更简单。我希望你已经注意到，基督本人有时候说基督徒的道路异常艰难，有时候又说这条道路极其简单。他说，"背起你的十字架"[10] ——换句话说，就像即将在集中营里被殴打致死。下一分钟，他又说："我的轭是容易的，我的担子是轻省的。"[11] 他这两句话都是认真的。我们也能明白为什么这两个意思都对。

老师们告诉你，班上最懒的那个学生最终学得最辛苦。他们是认真的。如果你给两个孩子一道几何命题，其中愿意花力气的那个孩子会努力去理解命题。懒惰的那个孩子会努力死记硬背，因为眼下看起来这样更容易。六个月后，他们一起准备考试，懒孩子没完没了地苦苦解题，另一个孩子因为理解，几分钟就能轻松解决。懒惰意味着长远来看要付出更多辛苦。或者我们这

---

[10]. 参见《新约·马太福音》16：24："于是，耶稣对门徒说：'若有人要跟从我，就当舍己，背起他的十字架，来跟从我。'"

[11]. 参见《新约·马太福音》11：30："因为我的轭是容易的，我的担子是轻省的。"

样来看：在一场战争或者登山运动中，总有一件事需要很多勇气才做得到，但长远来看，这件事也最能带来安全保障。如果你因恐惧而逃避，那么几个小时之后，你会发现自己身陷更大的危险之中。怯懦也是最危险的。

做基督徒也是一样。那件可怕的、几乎不可能的事，就是将你全部的自我——你一切的愿望和担心——交给基督。但是，这与我们自己努力要做的相比则是简单得多。因为我们是努力要做我们所谓的"自我"，把个人幸福作为我们人生的主要目标，与此同时还要保持"善良"。我们都是一面让自己随心所欲——盯着金钱、享乐、野心，一面又希望自己言行诚实、贞洁、谦逊。这恰恰就是基督警告我们自己做不到的事。他说，蒺藜结不出无花果[12]。如果我是一片除了野草一无所有的田地，我长不出麦子。割草能让野草变少，但我还是只能长草，不能长麦子。如果我想长出麦子，改变就必须更深入，而不能停在表面。我必须被犁翻，被重新播种。

这就是为什么基督徒生活中真正的问题出现在人们一般想不到的地方。每天早上你醒来的那一刻，问题就

<hr>

12. 参见《新约·马太福音》7：16："凭着他们的果子，就可以认出他们来。荆棘上岂能摘葡萄呢？蒺藜里岂能摘无花果呢？"

出现了。你那一天全部的愿望和希望，像脱缰野马一样向你奔来。你每天吃早饭时要做的第一件事，就是把这些念头都推回去，然后倾听另一个声音，接受另一种观点，让那个更宽广、更强大、更安静的生命注入你的灵魂。如此这般，度过一整天。面对你所有天然的烦恼和焦虑，退后一步，并从疾风中走出来。

一开始，我们只能这样坚持几分钟。但是就在那几分钟里，一种新的生命开始在我们内里生发，因为现在我们是让上帝在正确的地方做工了。这是涂在表面的油漆与那种浸透内里的染料或是着色剂的不同。上帝从来不会说些模棱两可、理想主义的空话。当他说，"你们要完全"[13]，他是认真的。他的意思是，我们必须接受全面的治疗。这很难，但是我们都贪图的那种妥协更难——事实上，妥协是不可能的。让蛋变成鸟也许很难，让蛋还没变成鸟就学着飞，那才真是难到家了。我们眼下就像蛋一样。可你不能没完没了、无限期地做一只普通而又好看的蛋。我们必须要么被孵化，要么变臭。

我能回到前面的话题吗？这就是基督教的全部，舍此无他。把这一切弄混太容易了。我们很容易想到教会

---

13. 参见《新约·马太福音》5：48："所以你们要完全，像你们的天父完全一样。"中文和合本用"完全"来翻译"完美"之意。

有很多不同的目标——教育、建教堂、传教、举行礼拜。我们也很容易想到国家有很多不同的目标——军事的、政治的、经济的，诸如此类。但是在某种意义上，事情要比这简单得多。国家的存在仅仅是为了推动及保护人类此世的一般幸福：丈夫和妻子在火炉边聊天，三五好友在俱乐部里玩飞镖，一个人在自己房间里读书或在自家花园里挖土——这就是为什么要有国家。所有的法律、议会、军队、法庭、警察、经济等，除非可以帮助增加及延长以上那样的时刻，否则就都是在浪费时间。同样，教会存在的目的是帮助人进入基督，把他们变成小基督。如果教会不做这件事，那么所有的大教堂、全体教士、传教活动、布道，甚至圣经本身，就都只是浪费时间。上帝变成人没有别的目的。要知道，整个宇宙是否还有别的目的都值得怀疑。圣经里说，整个宇宙就是为基督而造，一切都将在基督里同归于一。就整个宇宙而言，我们中没有谁能明白这到底是如何发生的。我们不知道离这个地球几百万英里之外住着什么样的生命（是否有生命）。即便在地球上，我们也不知道这对人以外的其他事物意味着什么。毕竟，你也只能期待这么多。上帝向我们启示的这部分计划，只跟我们自己有关。

有时候，我喜欢想象我能明白这一计划将如何作用于其他事物。我觉得我能明白，当人爱高级动物，把它们当作近乎是人一样来对待时，它们就在某种意义上进入到人里面。我甚至能明白，当人研究、使用、珍惜那些无生命的东西和植物时，它们就进入到人里面。如果在其他世界也存在有智慧的生物，他们可能也会在他们的世界做一样的事情。也许当有智慧的生物进入基督，他们也把其他那些事物一起带了进去。但是，我无法确知，这只是个猜想。

圣经告诉我们的是，人怎样才能进入基督里面，变成这个宇宙的年轻王子要献给他父亲的那份神奇礼物的一部分——这礼物就是他自己，也包括在他里面的我们。这是我们被造的唯一目的。在圣经中有一些新奇的、激动人心的暗示：当我们进入基督里面时，自然中的很多其他事物都会变好。噩梦会结束，黎明即将到来。

计算代价

前面一节里，我提到主耶稣的那句话"你们要完全"，我发现很多人对这句话耿耿于怀。有些人似乎觉得这话的意思是"除非你完美，否则我不会帮你"，又因为我们不可能完美，那么如果上帝真是那个意思，我们也就无药可救了。但我觉得上帝那样说并非真是要我们完美的意思。我认为，他是在说："我能给你们的唯一的帮助是让你们完美。你想要的可能比这少，但我给你的不会比这少。"

请听我解释。我小时候经常牙疼，我也知道如果我找我的母亲，她就会喂我吃药，那天晚上牙就不会再疼，我也就能睡觉了。但是我不去找我母亲——至少在牙疼得无法忍受之前不会去找她。我不找的原因如下：我毫不怀疑她会给我吃阿司匹林，但是我也知道她还会做别的事情。我知道，第二天早上，她会带我去看牙医。我要从她那里得到我想要的东西，就必须再接受更多一点的东西，而那多出的部分是我不想要的。我想要瞬间解除疼痛，但为了达到这个目的，我就不得不让人把我的牙齿一劳永逸地治好。而我了解那些牙医，我知道他们会鼓捣我那些还没开始疼的牙。睡着的狗他们也要招惹，得寸进尺。

那么，如果我可以这么说的话，主耶稣就像那些牙医：得寸进尺。太多人找他是想治愈他们深以为耻的某个特定的罪（比如手淫或懦弱），或者严重影响日常生活的明显的毛病（比如坏脾气或酗酒）。当然，上帝会治愈这些毛病，但他不会停留于此。你想要的全部或许就是这些；但是你一旦呼求他的名，他就会给你全套疗程。

这就是为什么他警告人们在成为基督徒之前要"计算代价"。"不要搞错了,"他说,"如果你允许,我会让你成为完全。从你把自己交到我手中的那一刻起,这就是你要接受的。分毫不差。你有自由意志,只要你作出选择,你可以把我推开。但是,如果你不推开我,那么你要明白我不会半途而废。无论你在世上会遭遇怎样的苦难,无论你死后要经历多么难以想象的炼净,我会不惜一切代价,除非你真正变得完美,除非天父可以毫无保留地说他对你满意,就像他说对我满意一样,我都不会停歇,也不会让你停歇。我能做到,也会做到。我不会比这少做一分。"

然而——这是此问题另一个同样重要的方面——这位从长远来看只会接受完美的"帮助者",他也会对你明天出于最简单的责任而开始做出微小、笨拙的努力感到欣慰。正如伟大的基督教作家乔治·麦克唐纳[14]所指出的,每位父亲都因孩子迈出的第一步而喜悦;而对一个成年儿子,除非他的脚步坚定、自由、充满男子气,否则没有哪个父亲会完全满意。同样,麦克唐纳说:"上帝容易取悦,却不容易满足。"

---

14. 乔治·麦克唐纳(George MacDonald, 1824—1905):英国小说家、诗人,基督教寓言作家,曾做过牧师,尤以写童话著称。

实际的后果如下。一方面，你眼下向善的努力甚或失败都没有必要因为上帝对完美的要求而受挫。每一次你跌倒了，上帝都会扶你起来。而且他非常清楚，你个人的努力永远不会让你哪怕只是接近完美。另一方面，你必须一开始就意识到，上帝要指引你抵达的目标就是绝对的完美，整个宇宙没有任何力量（除了你自己）能阻止他把你带到那里。这就是你要接受的。认识到这一点非常重要。如果意识不到这一点，我们就很可能在某个时刻之后开始后退，开始抗拒他。我想我们很多人在基督帮助我们克服一两个显而易见的罪之后，就很容易觉得（尽管我们不会说出来）我们现在已经够好了。他已经做了我们想让他做的一切，他现在退场的话，我们将感激不尽。就像俗话说的，"我从来没想当圣人，我只想做个正正经经的普通人。"说这话的时候，我们还自以为很谦卑。

但这就是致命的错误。当然，我们从未想要，也从未请求，变成上帝要把我们变成的那类受造物。但问题不是我们想让自己成为什么样，而是当上帝造我们的时候想让我们成为什么样。他是发明家，我们只是机器。他是画家，我们只是画作。我们怎么知道他希望我们成为什么样？你看，他已经把我们变成了跟我们以前很不一样的东西。很久以前，在我们出生前，还在母亲身体里的时候，我们经历了不同的阶段。我们一度很像蔬菜，一度又很像鱼，一直到后来某个阶段，我们才成了婴儿。在那些早期阶段，如果我们也曾有意识，我敢说我们会非常满足于永远做蔬菜或者鱼——不会愿意被变成婴儿。但是上帝一直知道他对我们的计划，且下定决心要执行这计划。眼下在更为高级的阶段也发生着同样的事情。我们也许满足于做我们所谓的"普通人"，但是上帝决定要实施一个完全不一样的计划。面对这个计划退缩不前不是谦卑，而是懒惰和怯懦。服从计划也不是自负或狂妄，而是顺服。

关于这一真理的两个面向，还有另一种说法。一方面，我们不要妄想全凭一己之力能在接下来哪怕二十四小时里坚持做个"正派人"。如果没有上帝的帮助，我们中没有一个人能免于这样或那样下流的罪。另一方面，上帝决心要在我们每个人身上最终成就的东西，不会低于历史上任何最伟大圣徒的神圣或英雄事迹。这一工作在此生无法完成，但上帝是要让我们在离世前尽可能走得更远。

这就是为什么如果我们历经磨难，我们也不要惊奇。当一个人归向基督，然后看起来似乎一切顺利（是指他的一些坏习惯得到改正），他会觉得往后顺风顺水是理所当然的。当困难出现——疾病、经济问题、新的诱惑——他就会感到失望。他觉得，他以前不走正道的时候，是需要这些事来敲醒他，让他悔过，但现在是为什么呢？这是因为上帝在迫使他向上，去到更高的境界：把他放进需要他更勇敢、更有耐心、更有爱的处境中，这一切都远远超过他的想象。这一切在我们看来似乎没有必要，但那是因为我们对于上帝要把我们变成什么样子还毫无认识。

我发现，我还得从乔治·麦克唐纳那里借用一个比喻。想象一下，你自己是一座房子，上帝进来重造这房子。最初，也许你能理解他做的事。他是要把下水道搞好，修补屋顶的雨漏，等等。你知道这些工作需要做，所以你不会吃惊。但是很快他开始对房子大动干戈，这让你心惊肉跳，又完全莫名其妙。他到底要干什么？答案就是他在造一座跟你想象的完全不一样的房子——这里新添一个厅，那里再加一层楼，向上建塔楼，向外搭院子。你以为你是要被造成一个体面的小农舍，但上帝是在建宫殿。他是打算自己搬进去住。

"你们要完全"，这一命令并不是理想主义的空话，也不是要我们做不可能之事。上帝是要把我们变成能遵守这一命令的受造物。他（在圣经里）说过我们是"神"，他也会说到做到。如果我们允许他——我们也可以选择阻止他——他就能把我们中最怯懦、最肮脏的那一位变成男神或女神，一位令人眩目的、光芒四射的不朽神灵，带着我们此刻无法想象的能量、欢乐、智慧和爱而熠熠生辉，变成一面明亮无瑕的镜子，完美地向上帝（当然是小范围地）反射他本人无限的权能、喜悦和良善。这一过程将会很漫长，有些部分非常痛苦，但那就是我们要经历的。不会比这更少。上帝的话是认真的，他说到做到。

好人或新人

上帝说到做到。那些把自己交在他手中的人会变得完美，正如他是完美的——爱、智慧、喜乐、美和不朽。这一改变不会在此生结束，因为死亡也是治疗的一个重要部分。每个具体的基督徒在死亡之前的改变程度是不确定的。

我觉得，现在是时候考虑下面这个经常被提及的问题了：如果基督教是真的，那么为什么不是所有的基督徒都明显比非基督徒更好呢？这个问题背后的所指有一部分非常合理，而另一部分则完全不合常理。合理的部分是这样的。如果归信基督教对一个人的外在行为没有带来任何改进——如果他还是和以前一样势利眼、刻薄恶毒、嫉妒红眼、野心勃勃——那么，我想我们定会怀疑此人的"归信"很大程度上是想象的。一个人最初归信之后，每当他觉得自己有进步，不妨以此为测试标准。自我感觉良好、对事物有新的洞见、对"宗教"更感兴趣，这些如果不能使他们的实际行为变得更好就毫无意义，正如生病的时候如果温度计显示你的体温还在继续升高，那么"感觉好多了"也没什么用。就此而言，外面的世界以结果来评判基督教也无可厚非。基督告诉我们要按结果来评判，树好不好要看它所结的果子[15]；或者就像俗话说的，"布丁好坏，不尝不知"。当我们基督徒行为不端，或者不做好事时，我们就是让外界无法相信基督教。战时的海报告诉我们，"言谈不慎"会让人丧命。我们若行为不慎也会让外界流言满天飞，这是我们造成的，我们给了他们怀疑基督教真理的理由。

但是外界还有一种对结果的要求是很不合理的。他们可能不仅仅要求每个成为基督徒的人都变得更好。他们可能还会在自己相信基督教之前，就要求把世界看作两个阵营——基督徒和非基督徒——而且，所有第一阵营里的人都应该明显比第二阵营里的人更好。从以下几个方面来看，这种要求都是不合理的。

---

15. 参见《新约·马太福音》7：17："这样，凡好树都结好果子，惟独坏树结坏果子。"

（1）首先，现实世界的情况比这复杂得多。这个世界没有百分之百的基督徒，也没有百分之百的非基督徒。有些人（为数不少）正慢慢变成非基督徒，但仍然自称基督徒，其中有些人还是神职人员。还有一些人正慢慢变成基督徒，尽管他们不这么说。有些人不完全接受有关基督的教义，但是深深被他吸引，以至于他们在比自己所能意识到的更深的意义上属于基督。还有一些属于其他宗教的人，他们被上帝隐秘的影响所带领，专注于他们自己宗教中与基督教相吻合的部分，并因此不知不觉地归属于基督。比如，一个善意的佛教徒可能被带领越来越关注佛教有关慈悲的教诲，而不太关心其他佛教教义（尽管他可能仍然说自己相信）。基督降生之前的很多异教徒可能都是这种情况。而且当然了，总有很多人稀里糊涂，将很多不连贯的信念堆成一团。所以，对基督徒和非基督徒做整体评判没有什么用。把猫狗做整体比较，或者男女做整体比较，还有点儿用，因为至少能分清谁是谁。而且，动物不会从狗变成猫，或者从猫变成狗（无论是慢慢地还是突然地）。但是当我们比较一般的基督徒和非基督徒，我们通常不是想着我们认识的具体的人，而只是想着两个从小说或报纸得来的模糊概念。如果你想比较"坏基督徒"和"好无神论者"，你必须考虑你在现实中遇到的两个具体的实例。

除非我们实事求是地探讨，否则就是浪费时间。

（2）假设我们现在就要实事求是地探讨，谈的不是一个想象中的基督徒和一个想象中的非基督徒，而是和我们住在一个小区的两个具体的人。即便如此，我们也还是要小心别问错问题。如果基督教是真的，那么就可以得出以下两个判断：（a）同一个人，是基督徒要比不是基督徒更好；（b）任何人变成基督徒之后要比他不是基督徒的时候更好。同理，如果"健齿白"牙膏的广告是真的，那么可以得出：（a）同一个人，用这牙膏要比不用这牙膏牙齿更好；（b）任何人如果开始使用这牙膏，他的牙齿会变好。但是，我（从我父母那里遗传了一口坏牙）虽然用健齿白牙膏，比起某个从不用任何牙膏的健康的黑人小伙儿，我的牙齿还是不如他好，这件事本身并不能证明广告是虚假的。比起不信主的迪克·芬金，基督徒贝茨小姐说话更难听。这件事本身不能说明基督教对不对。关键是，贝茨小姐如果不是基督徒她说话会怎样，以及迪克如果成为基督徒又会怎样。贝茨小姐和迪克由于先天原因以及童年家教，有着不同的性格；基督教的声明是，如果他们本人同意，这两种性格都要被重新塑造。你有权提出的问题是，这种新的塑造如果被允许进行，是否会有成效。大家都知道，就被塑造的对象而言，迪克·芬金要比贝茨小姐好得多。这不是关键。判断一个工厂的管理情况，你不仅要考虑产品，也要考虑厂房。考虑到 A 工厂的厂房现状，它能生产出任何东西简直就是奇迹；考虑到 B 工厂一流的设备，它的产量尽管已经很高，但相比它应该能产出的量还是少太多。A 工厂的好厂长会尽快安装新机器，这毫无疑问，但是这也需要时间。与此同时，低产出并不能证明他就是个失败者。

（3）那么，现在我们再深入一步。厂长要装新机器：基督对贝茨小姐做完工，她就会变得非常"好"了。但是如果我们到此为止，这听起来好像基督唯一的目标就是把贝茨小姐拉到迪克一直都保持的那个水平。事实上，我们这么说就好像迪克没有问题；就好像基督教只是坏人需要的东西，好人不需要；就好像上帝要的就是"好"。但这是个致命的错误。真相是，在上帝眼中，迪克·芬金一点都不比贝茨小姐更少需要"救赎"。在某种意义上（我马上会解释是何种意义），好不好几乎完全无关紧要。

对于迪克的好脾气和友善性格，你不能期待上帝跟我们是一个看法。他的脾气无论多好，都是上帝自己创造的先天因素的结果。既然只是脾性使然，迪克一旦消化不良，他的好脾气就可能消失。事实上，好脾气是上帝给迪克的礼物，不是迪克给上帝的礼物。同理，上帝也允许先天因素在这个被许多个世纪的罪所败坏的世界上，造成贝茨小姐的狭隘和神经质，她的坏脾气大都由此而来。上帝计划在他认准的时间，治好贝茨的坏脾气。但是，对上帝来说这不是关键问题。这轻而易举，根本无须上帝担心。上帝一直在观望、等待并做工，所要达成的目的甚至对上帝来说也不容易达成，因为，这件事情的本质决定了，即便是上帝也不能仅凭神力就做成。他在贝茨小姐身上等待并观望它，也在迪克·芬金身上等待并观望它。他们有自由将其献给上帝，也有自由拒绝。他们会还是不会转向上帝，并由此而完成他们被创造的唯一目的？他们的自由意志在他们体内颤动，犹如指南针上的指针。但这是一根可以选择的指针。它可以指向真正的北面；但它也不是非如此不可。指针会转着转着，然后停下，并指向上帝吗？

上帝可以助力。上帝无法强迫。这么说吧，他不能伸出自己的手，然后把指针拨到正确的位置，因为那样就不是自由意志了。它会指向北吗？这个问题决定一切。贝茨小姐和迪克会把自己的本性交给上帝吗？至于他们交或不交给上帝的本性在那一刻是好还是不好，这是次要的。这个问题上帝会处理。

请不要误解我。在上帝眼里，糟糕的本性当然也是坏的，是可悲的。他当然也会觉得善良的本性是好东西——就像面包、太阳、水一样。但这些是由他赐予，我们来接受的好东西。上帝创造了迪克的好脾气和健康的消化系统，这些好东西要多少有多少。就我们所知，创造好东西对上帝来说不费吹灰之力。但是，为了让叛逆的意志回转，上帝付出了被钉十字架的代价。又因为这是意志，人可以通过自由意志——在好人和坏人身上都一样——拒绝上帝的要求。然后，因为迪克的好脾气只是自然的一部分，最终也都会消失殆尽。自然本身都会消失。自然因素在迪克身上集合，造就了令人愉悦的心理模型，正如自然因素在日落中集合，造就了令人愉悦的色彩模型。很快（自然就是这样的）自然因素就会消散，两个例子中的模型都会消失。迪克本来有机会把那个昙花一现的模型变成（或者更准确地说，是让上帝把它变成）一个永恒灵魂之美，而他却放弃了。

这里有个悖论。只要迪克不转向上帝，他就会认为他的好属于他自己，而只要他这么认为，这好就不属于他。当迪克意识到他的好不是他自己的，而是来自上帝的礼物，当他把这好献给上帝——只有这个时候这好才开始真正属于他。因为这时迪克才开始参与对他自己的创造。只有自由奉献给上帝的东西，才是我们能够存留的。我们拼命为自己存留的东西必定会失去。

因此，如果我们发现有些基督徒仍然很讨人厌，也不必大惊小怪。你要是仔细想想，为什么大量令人讨厌的人而不是受欢迎的人转向基督，也是有原因的。基督在世上时，人们对他的反感也与此有关：他似乎总是吸引"罪恶深重的人"。人们至今还是有这样的反感，而且也会一直如此。你难道还不明白为什么吗？基督说，"穷苦的人有福了"[16] "富人进天国是何等的难！"[17] 毫无疑问，他主要是指金钱意义上的富人和穷人。但是他的话难道不也适用于另一种类型的富有和贫穷吗？有很多钱的危险之一是你可能会满足于金钱能买到的各种幸福，意识不到自己需要上帝。如果只要签支票就似乎可以得到一切，你也许就会忘记自己无时无刻不依赖上帝。那么很明显，天赋也有同样的危险。如果你心理强大，智力发达，身体健康，人缘一流，家教良好，你很可能对自己的性格十分满意。"何必扯进上帝呢？"你可能会问。对你来说，达到一定高度的好行为轻而易举。那些可怜虫，总是被性、酗酒、神经质或坏脾气困扰，你不是他们中的一员。每个人都说你是个不错的人，而且（你知我知）你也深以为然。你很可能相信所有这些

---

16. 参见《新约·路加福音》6：20："耶稣举目看着门徒说：'你们贫穷的人有福了！因为上帝的国是你们的。'"

17. 参见《新约·马太福音》19：23："耶稣对门徒说：'我实在告诉你们：财主进天国是难的。'"

好都是你自己的功劳，你也很容易觉得无须变得更好。拥有所有这些天然的好的人往往没法意识到自己对基督的需要，直到天然的好令他们自己失望，直到他们的自满被击得粉碎。换句话说，这种意义上的"富人"进天国是很难的。

而讨人厌的人——渺小、低贱、怯懦、乖戾、冷血、孤独的人，抑或冲动、好色、心理失衡的人——就是另一回事了。只要他们努力想变好，他们立刻就会意识到他们需要帮助。对他们来说，要么基督，要么一无所有。要么背起十字架跟随主——要么绝望。他们是迷失的羊群，耶稣就是特意为寻找他们而来的。他们（在极其真实又可怕的意义上）是"贫穷"的，上帝会赐福他们。他们是耶稣交往的"罪恶的一群"——法利赛人当然还会这么说，正如他们最初说过的，"基督教若真那么了不起，这些人就不可能是基督徒。"

我们每个人都能从中获得警告或是鼓励。如果你是个好人——美德对你来说轻而易举——你要当心了！得天独厚者，亦肩负厚望。如果你把上帝赐予你的天赋都错当成自己的优点，如果你满足于做个好人，你就仍然是个叛逆者。所有的天赋异禀也都只会让你摔得更惨，你的堕落会更复杂，你的坏榜样也会更贻害无穷。魔鬼曾是一位天使长，他的天赋远超过你的，正如你的天赋远超过黑猩猩的。

但是，如果你是个可怜虫——从小被粗俗的嫉妒和愚蠢的吵闹包围，心灵被扭曲；并非出于自愿选择而染上某种可怕的性变态；被某种自卑情结日复一日地折磨，对自己最好的朋友也会出言不逊——不要绝望。上帝全都知道。你是他赐福的穷人之一。他知道你努力驾驶的那辆车有多糟糕。坚持住，尽你的全力。总有一天（也许是在另一个世界，也许根本不用等那么久），上帝会把那辆车扔进垃圾堆，给你一辆新车。到那时，你可能会让我们所有人——尤其是让你自己大吃一惊，因为你是在一所艰苦的学校里学会驾驶的。（然而，有许多在前的，将要在后；在后的，将要在前。）[18]

"好"——健全、和谐的人格——是极好的东西。我们必须尽全力通过医疗、教育、经济、政治的手段建设一个让尽可能多的人能在其中成长为"好"人的世界，正如我们必须努力建设一个让所有人都能吃饱的世界。但是我们不能想当然地认为我们把每个人变成好人，就能让他们的灵魂得救。一个遍布好人的世界里，每个人满足于自己的好，只盯着眼前，背向上帝，这样一个世界和一个悲惨世界同样迫切需要上帝的拯救——

18. 此句出自《新约·马太福音》19：30。

甚至可能比后者更难拯救。

因为进步不是救赎，尽管救赎总是在此时此地便能让人进步，而且最终能让人进步到我们尚且无法想象的地步。上帝变成人，为了将受造物变成自己的儿子，不仅仅是为了把旧人改造成更好的人，更是为了创造新人。这不是教一匹马跳得越来越高，而是要把马变成长翅膀的生物。当然，一旦马长出翅膀，它就能飞越以前根本不可能跃过的篱障，在自然马最擅长的比赛中打败它们。但是会有一段时间，翅膀刚刚开始生长，马还是不能飞。在这个阶段，它肩膀上的隆起——只是看着这样的隆起，没人能猜到那会变成翅膀——甚至会让它看起来很古怪。

但是也许这个问题我们已经讨论太长时间了。如果你想要的是反对基督教的论据（我清楚记得，我曾经多么热切地寻找此类论据，那时我已经开始害怕基督教是真的），你可以轻易找到某个愚蠢又让人失望的基督徒，然后说："这就是你们夸耀的新人啊！还是给我来个老款的吧！"但是，一旦你开始在其他基础上看到基督教的可能性，你心里就会知道这只是在逃避问题。你对别人的灵魂——他们经历的诱惑，他们的机会，他们的挣扎——真正能够了解多少呢？在所有的受造物中有一个灵魂你是真正了解的，也只有这个灵魂的命运掌握在你手中。如果存在一位上帝，从某种意义上说，你是单独与他在一起。你不能因为对隔壁邻居的观察或者以前读过的书的记忆，就把上帝搁到一边。当我们称之为"自然"或"真实世界"的麻醉迷雾逐渐散去，当始终站在你面前的那一位（即上帝）变得触手可及，近在眼前，让你无处躲藏，这时所有那些无稽之谈和道听途说还有什么意义呢？

新人

在上一节里，我把基督创造新人的工作比作把一匹马变成一只带翼生灵的过程。我用这个极端的例子是为了强调这不是简单的进步，而是变形。自然界中能找到的最接近的例子是，我们用特定射线照射昆虫时，它们会经历的神奇变形。有些人认为进化就是这样的过程。基于生物体变化的进化，也许是来自外太空的射线造成的。（当然，一旦变化产生了，他们所谓的"自然选择"就开启了：有用的变化留下，其他则被淘汰。）

也许一个现代人要更好地理解基督教观点，需要把它和进化论联系在一起。所有人都知道进化论（当然了，尽管有些受过教育的人不相信），每个人都被告知人是从更低等的生物进化而来。因此，人们常常想，"下一步是什么呢？比人高级的东西什么时候出现呢？"

富有想象力的作家有时候会描述这下一步——他们称之为"超人"。但是，他们成功描绘出的超人往往比我们所知的人糟糕得多，然后作为弥补就再给超人多添几只手或脚。不过，假设下一步是变成跟前几步更加不同的东西，是他们做梦也想不到的呢，难道这不是很可能吗？成千上万个世纪之前，进化出体型巨大、身披重甲的生物。如果有谁有机会在那时候观察进化，他很可能会期待下一步会出现越来越重的铠甲。但那样他就错了。未来自有其秘不可宣的计划，当时他是完全意料不到的。即将出现的是体型微小、皮肤赤裸、不带甲壳的动物，但他们有更发达的大脑，依靠这样的大脑他们将统治这个星球。他们将不只是比那些史前怪物拥有更多力量，他们还将拥有不一样的力量。下一步不仅不一样，而且是一种不同类型的不一样。进化之河不会沿着其预见的方向奔流，事实上，它将来一个一百八十度的大转弯。

这样看来，我们熟悉的关于下一步的大多数假想版本也是犯了同样的错误。人们看到（至少自认为看到）人类进化出更发达的大脑，能够更有力地控制自然。又因为他们认为进化之河是往这个方向流淌，他们就想象它会继续这样下去。但是我忍不住想，下一步将是全新的，它的方向也是你做梦都想不到的。如果不是这样，

216

也就不配称什么新的一步了。我期待的不仅是不同，而且是一种新的不同。我期待的不仅是变化，而且是新的产生变化的方式。或者，换种自相矛盾的说法，我所期待的进化下一个阶段根本不是进化的一个阶段；我期待进化作为一种产生变化的方式，其自身将会被取代。最后，如果这一变化发生了，而大多数人都意识不到它正在发生，我也不会惊奇。

如果你愿意用这样的语言来讨论，基督教的观点恰恰就是，下一步已经出现了。它也是真正全新的一步。不是从大脑发达的人变成大脑更发达的人，而是一个彻底改变方向的变化——从上帝的受造物变成上帝的儿子。第一例这样的变化出现在两千年前的巴勒斯坦。在某种意义上，这一变化根本不是"进化"，因为它不是从事件的自然过程中产生的，而是从自然之外进入自然。但这正是我所期待的。我们通过研究过去获得"进化"的概念。如果还存在什么真正的新奇，那么我们基于过去的概念当然不会真正涵盖这些新奇。事实上，这新的一步与之前每一步都不同，不仅在于它来自自然之外，也在于其他几个方面。

（1）它不是通过有性生殖进行的。我们难道有必要吃惊吗？很久以前性并不存在，生命以不同的方式延续。因此，我们也可以期待性消失的时候，或者（事实上正在发生的）性尽管继续存在，但不再是生命延续的主要渠道。

（2）早期的有机体对于新的一步要么没有选择，要么选择的余地极小。进步主要是发生在它们身上的事，而不是它们做的事。但是新的一步，从受造物变成儿子的一步，却是自发的，至少在一种意义上是自发的。它不是自发的，因为我们可能是选择走了这一步，也可能只是我们自己的想象；但它又是自发的，因为当这一步摆到我们面前时，我们可以拒绝。我们可以选择退缩，选择不加理会，置身事外，任由新兴人类继续向前。

（3）我说过基督是新人的"第一例"。但是，他当然远不止如此。他不仅是一个新人，是这一物种的典范，他就是**唯一**的新人。他是所有新人的源头、中心和生命。他按自己的意愿，带着 Zoe 即新生命（我当然是指对我们来说是新的，Zoe 本身一直都存在）进入被造的宇宙。他传播新生命不是以遗传，而是以我称之为"良性感染"的方式。每个获得新生命的人都是通过与他的直接接触。人们都是通过"在基督里"变成"新"人的。

（4）这一步发生的速度与以前的每一步都不一样。与人在这个星球上的发展相比，基督教在人类中的传播仿佛一道闪电——因为两千年在宇宙的历史中几乎算不上什么。（永远不要忘记，我们仍然是"早期基督徒"。

但愿我们之间目前这种有害的、无谓的区分只是婴儿期的问题：我们仍然在出牙。毫无疑问，外界持相反的想法。外界认为，我们已经垂垂老矣。但是外界以前也经常这么想。外界一次次地认为基督教正濒临死亡，死于外界的迫害、自身的腐败、伊斯兰教的兴起、物理科学的盛行，以及大规模反基督教革命运动的浪潮。但是每一次世界都会失望。第一次是对钉十字架的失望。那个人复活了。在某种意义上——我非常清楚，这对他们来说是多么可怕的不公平——复活一再发生。他们不停地扼杀由耶稣开始的那个东西，而且每一次正当他们填平它坟墓上的泥土时，突然听说它还活着，又在什么新的地方破土而出。难怪他们会恨我们。）

（5）赌注更大了。一个生物在之前的进化过程中落后，至多就是在这个地球上少活几年，甚至都不一定会那样。而在现在的这一步落后，我们失去的将是（最严格意义上的）无限的奖赏。因为现在，关键的时刻已经到来。一个世纪又一个世纪，上帝引领自然直到产生能够被带出自然、可以变成"神"的生物（如果他们愿意）。他们会允许自己被带出自然吗？在某种意义上，这就像出生的时刻。在我们起身跟随基督之前，我们仍然是自然的一部分，仍然在我们伟大母亲的子宫里。她的孕期漫长、痛苦而又焦灼，但是已经到达了紧急关头。伟大的时刻已经到来。一切都准备好了。医生已经到达。生产会"顺顺当当"吗？不过，当然了，这与普通生产有一个重要的不同之处。在普通生产中，婴儿没有多少选择；在这一次生产中，新生命是可以选择的。我不知道如果一个婴儿可以选择，它会怎么做。它可能宁愿待在漆黑、温暖和安全的子宫中，因为它当然觉得子宫是安全之地。但它恰恰错了，如果待在里面不动，它就会死。

按此观点，那件事已经发生了：新的一步已经迈出，正在迈出。新人已经星星点点地遍布地球。有些正如我说过的还难以辨认，但另一些是可以辨认的。你也会时不时地遇见他们。他们的声音和脸，与我们的不一样：更坚强，更安静，更幸福，更容光焕发。他们在我们停止的地方启程。他们可以被认出来，但是你必须知道如何去辨认。他们不大符合你从一般阅读中获得的"虔诚者"的样子。他们不会引人注目。当你以为你对他们好，其实是他们对你好。他们比别人更爱你，但是他们不像别人那么需要你。（我们必须克服被需要的念头：在某些好好人尤其是女性身上，这是最难抗拒的诱惑。）他们一般都显得很有时间，你会奇怪这时间都是从哪里来的。当你认出他们中的一位，认出下一位就容易多了。我极度怀疑（但是我又知道什么呢？）他们能一眼认出彼此，而且从不出错，跨越肤色、性别、阶级、年龄，甚至信条的一切障碍。在此意义上，成为圣洁有点像加入一个秘密社团。至少这也是一件**非常有趣**的事。

然而，你可不要以为普通意义上的新人都彼此相像。我在这最后一章里说的大多数内容，可能都让你以为新人会彼此相像。成为新人意味着失去我们现在所谓的"我们的自我"。我们必须走出我们的自我，走进基督。他的意愿将变成我们的意愿，我们将要拥有他的心意，用圣经的话来说，"以基督的心为心"[19]。那么，如果基督是同一个基督，而他又要在我们每个人之中，我们岂不是要变得完全一模一样？听起来确实如此，但事实上并非如此。

找到一个好的类比很难，因为没有哪两样东西的关系完全像造物主和他的一个受造物的关系那样。但是我会试着给出两个不够完美的类比，也许可以对真理有一点儿暗示。想象一下，很多人一直生活在黑暗中，你过来试图向他们描述光是什么样。你可能会告诉他们，如果他们走进光里，同样的光会洒到他们每个人身上，他们都会反射光，然后用我们的话来说，他们就变成"可见的"了。那么，在他们的想象中，既然他们都接受一

---

19. 参见《新约·腓立比书》2：5："你们当以基督耶稣的心为心。"

样的光，又都对光有一样的反应（即反射光），他们看起来都会一模一样，有这样的想法难道不可能吗？然而，你我都知道，事实上光只会突显或者显现他们彼此多么不同。或者再假设，某人对盐一无所知。你给他一小撮盐，让他尝味道，他感到一种特别强烈、刺激的味道。然后你告诉他，在你的国家人们做菜都用盐。他难道不会回答："那样的话，我觉得你们的菜尝起来都是一样的味道，因为你刚给我的那东西味道太强了，它会盖过所有其他的味道。"但是，你我都知道，盐真正的作用恰恰相反。它不仅不会盖过鸡蛋、牛肚、白菜的原味，还能突显原味。只有加了盐，这些材料才显出真正的味道。（当然，我跟你们说过，这不是一个真正好的类比，因为你放太多盐的话终究也可以盖过其他所有味道，而你放入再多的基督也不会去掉人的个性的原味。我用类比也只能尽力而为。）

基督和我们的情况有点类似。我们现在所谓的"自我"越是让位于基督，由他做主，我们也就越能成为真正的"自我"。他如此丰盛，成百上千万各不相同的"小基督"仍然不足以充分表达他。是他创造了他们。他创造的你我本该成为不同的样子，犹如作者在小说中创作角色。在此意义上，在他里面，我们真实的自我一直在等待我们。抛开基督，努力"做我自己"，这毫无益处。我越是拒绝他，努力靠自己生活，就越会被我自己的天性、教养、环境和自然欲望所控制。事实上，我如此骄傲地称之为"自我"的东西，只会成为无数既不是我引发也不是我能阻止的事件的发生场所。我所谓的"我的愿望"只会成为我的生理器官引起的欲望，或者外加于我的别人的想法，甚至是魔鬼的建议。我向火车车厢里坐在我对面的女孩求爱，这背后的起因可能就是我吃了鸡蛋、喝了酒和睡了一晚上好觉，而我却自欺欺人地以为这是我个人深思熟虑的决定。我以为是我个人的政治观点，但可能真正的起源只是宣传。处于自然状态的我远非像我乐意相信的那样，是个真正的人。我所谓的"我"，其实大多很容易得到解释。当我转向基督，放弃自我，接受他的人格时，我才第一次开始拥有我自己的真正人格。

一开始，我说过上帝有复数的位格。我现在要再深入一步。除了在上帝那里，真正的人格无处可觅。除非向他放弃你的自我，否则你不会获得一个真正的自我。"相似性"恰恰最有可能在最"自然"的人身上找到，而不是在那些投向基督的人身上。所有不可一世的暴君和征服者，他们的如出一辙是多么单调；而每个圣人的异彩纷呈又是何其生动。

但是必须真正地放弃自我。这么说吧，你必须"盲目"地扔掉它。基督确确实实会给你一个真实的人格，但你不能以此为目的而走向基督。只要你还在纠结于你自己的人格，你就根本不可能走向他。第一步是，努力完全忘记自我。你真实的、新的自我（既是基督的也是你自己的自我，正因为是他的，所以才是你的），只要你还在寻找，就不可能找到。当你寻找基督，你也就能找到自我。这听起来奇怪吗？我们知道，同样的原则也适用于日常事务。即便在社会生活中，除非你不再关注你给别人留下什么样的印象，你才可能给别人留下好印象。即便在文学和艺术中，纠结于是否原创的人永远不可能有多少原创；相反，如果你只是努力说真话（完全不去管以前已经被说了多少遍），那么十之八九你就会在不经意中成为原创者。这一原则自上而下贯穿生活。献出你的自我，你会找到你真实的自我。失去你的生命，你就会得着生命。接受死亡，接受每一天你野心的死亡，你最美好愿望的死亡，以及最终你整个身体的死亡：全心全意地去接受，你将找到永生。不要保留任何东西。你尚未放弃的任何东西没有一样真正是你的。你身内尚未死去的任何东西都无法从死里复生。寻找你的自我，你最终只会找到仇恨、孤独、绝望、愤怒、毁灭和腐烂。但是寻找基督，你就会找到他，找到他便会随之找到一切。

- 译后记 -

　　2015 年夏末秋初，我完成了 C.S. 路易斯自传《惊悦》的翻译。第二年开春，生活突起变故，各种失丧打击接连而至。回忆中那一整个夏天，我神志恍惚，似乎永远在倒着时差，却始终再也没能回到对的那一刻。直到楼下银杏叶已开始变黄的某天晚上，我突然接到一个微信讯息，是上海三联书店的秋姐："想请你重译路易斯的《返璞归真》，你愿意吗?"我瞬间心中雀跃：*Mere Christianity*，那是我读过的第一本路易斯的英文原著，正是这本书为我开启了一段全新的精神之旅。于是，在消沉近半年之后，我终于重新感受到了想做点什么的欲望，以及勇气。

《返璞归真》当然是经典重译，汉语译本已有几个，新老读者无数，只是当时我根本没想到问一声：为什么要重译？我只有一个念头：有机会翻译 C. S. 路易斯的《返璞归真》，哈利路亚！与路易斯的文字耳鬓厮磨，这不是第一次，也不是最后一次。此后我翻译他研究中世纪文学的学术专著《爱的寓言》，翻译的技术难度远胜之前翻译的两部[1]，历时近三年。但是，《返璞归真》的翻译于我有着尤其特殊的意义。在那为期不长的几个月里，每天晚上放下一天的工作，放倒两个永远精力无穷的孩子，我就坐到台灯下开始翻译。就这样一页一页，夜复一夜，等到翻译完成，我有些近乎惊喜地发现：那个颠倒一夏的时差总算是倒过来了，生活还将继续。

如果说对我而言翻译《返璞归真》无异于一场修复生命创伤的经历，那么等我真正了解了它之所以会被重译的原因，我又清楚地意识到自己的狭隘。原来上海三联书店的秋姐一直在为《返璞归真》寻找一位重译者，

---

1. 即指 C. S. 路易斯的《惊悦》和《返璞归真》。——编者注

因为这是她先生徐志跃生前的心愿：他觉得国内现有译本不是很理想，彼时也曾联系香港海天书楼余也鲁先生的译本，但由于某些原因未果。2016年夏天，秋姐读到刚出版的路易斯自传《惊悦》，因喜欢译笔而向我发出重译《返璞归真》的询问："你愿意吗?"——我不仅愿意，甚至一度真的以为我就是在为自己翻译。每个活着的个体都无时无刻不被"自我"的生命体验牢牢包裹，殊不知一切个体经验的真正价值或意义终究在于引领个体走出"自我"，走向最终能带给人自由的信仰。而《返璞归真》就是面向每一个普通人，用他/她最熟悉的语言解说这样一条"归真"之路。

《返璞归真》基于路易斯二战时为鼓舞英国全民士气而在BBC电台做的系列演讲，围绕何为"纯粹的"基督教而展开。战后整理出版的《返璞归真》，行文简洁流畅，晓之以理，动之以路易斯标志性的英式幽默，凡是读过的人都会理解它何以历时七十余年而仍在全世界畅销不衰。而相较之前的汉语版本，此次重译更力求在译文语言上也实践"返璞归真"的精神，进一步还原原著演讲稿的口语倾向，希望亲切的文字有助于读者更加亲近作者那原本就朴实而纯粹的思想。我曾一心要延续《惊悦》的翻译原则，即译文尽可能忠实于原著行文，多做注解来帮助读者跨越文化屏障。不料，《返璞归真》到底书如其名，路易斯一反自己旁征博引的写作常态，更像是位慈祥的长者在跟晚辈聊天谈心，娓娓道来，语言平实，掉的书袋屈指可数，真正需要做注的地方并不多。不过，这本书的读者本来就是跨越文化和国界的，路易斯用最质朴的话语去述说的"至璞至真"的道理也的确无需注解。

最后，感谢橡树和上海三联书店诸位编辑认真细致地阅读初译稿，提出全面清晰的指导性修改意见，对定稿的校对高效高质，令人心悦诚服。

2022 年 4 月 17 日

图书在版编目（CIP）数据

返璞归真/（英）C. S. 路易斯（C. S. Lewis）著，丁骏译.
—上海：上海三联书店，2023.10
ISBN 978 - 7 - 5426 - 6198 - 2

Ⅰ.①返… Ⅱ.①C… ②丁… Ⅲ.①基督教—人生哲学
Ⅳ.①B97

中国版本图书馆 CIP 数据核字（2018）第 005744 号

返璞归真

著　　者 / C. S. 路易斯

译　　者 / 丁　骏

合作出版 / 橡树文字工作室

特约编辑 / 司　阳

责任编辑 / 邱　红

装帧设计 / 周周设计局

监　　制 / 姚　军

责任校对 / 王凌霄

出版发行 / 上海三联书店

　　　　　　（200030）中国上海市漕溪北路 331 号 A 座 6 楼

邮　　箱 / sdxsanlian@sina.com

邮购电话 / 021 - 22895540

印　　刷 / 上海展强印刷有限公司

版　　次 / 2023 年 10 月第 1 版

印　　次 / 2023 年 10 月第 1 次印刷

开　　本 / 889mm×1194mm　1/32

字　　数 / 120 千字

印　　张 / 7.75

书　　号 / ISBN 978 - 7 - 5426 - 6198 - 2/B·554

定　　价 / 52.00 元

敬启读者，如发现本书有印装质量问题，请与印刷厂联系 021 - 66366565